U0811355

子どもの「心育て」40の知恵

孩子，总有一天
你要一个人走

让孩子内心强大的 40 种教养智慧

〔日〕吉元由美 著　思运 译

北京理工大学出版社
BEIJING INSTITUTE OF TECHNOLOGY PRESS

版权专有 侵权必究

图书在版编目（CIP）数据

孩子，总有一天，你要一个人走 /（日）吉元由美著；思运译.
—北京：北京理工大学出版社，2014.2
ISBN 978-7-5640-8600-8

Ⅰ. ①孩… Ⅱ. ①吉… ②思… Ⅲ. ①儿童教育-家庭教育 Ⅳ. ①G78

中国版本图书馆 CIP 数据核字（2013）第 285484 号

KODOMO NO'KOKOROSODATE'40 NO CHIE by Yumi Yoshimoto
Copyright © 2011 Yumi Yoshimoto
All rights reserved.
Original Japanese edition published by Mikasa-Shobo Publishers Co. Ltd., Tokyo.
This Simplified Chinese language edition is published by arrangement with
Mikasa-Shobo Publishers Co. Ltd., Tokyo in care of Tuttle-Mori Agency, Inc., Tokyo
through Beijing GW Culture Communications Co., Ltd., Beijing.
北京市版权局著作权合同登记号 图字 01-2013-3741 号

出版发行 / 北京理工大学出版社有限责任公司
社 址 / 北京市海淀区中关村南大街 5 号
邮 编 / 100081
电 话 / (010)68914775（总编室）
82562903（教材售后服务热线）
68948351（其他图书服务热线）
网 址 / http://www.bitpress.com.cn
经 销 / 全国各地新华书店
印 刷 / 三河市九洲财鑫印刷有限公司
开 本 / 889 毫米×1194 毫米 1/32
印 张 / 6
字 数 / 120 千字
版 次 / 2014 年 2 月第 1 版 2014 年 2 月第 1 次印刷
定 价 / 28.00 元

责任编辑 / 刘 娟
文案编辑 / 刘 娟
责任校对 / 周瑞红
责任印制 / 边心超

图书出现印装质量问题，请拨打售后服务热线，本社负责调换

前言

只想在孩子离开时，有一颗足够强大的心

很多父母经常说："我是如何教育孩子的……"

其实每次谈及教育子女的话题，背后不得不涉及另外一个话题："作为父母，我们应该如何看待子女的成长，以及父母对孩子的教养？"对这个问题的看法和态度，像一面镜子，映射着我们这些父母的内心。

我的观点是，教养孩子的根本在于给孩子"心灵的教养"。我的女儿现在 14 岁，从事无巨细需要大人料理的幼年，到和孩子距离拉开、让孩子独立、教养问题逐渐围绕某些主题的小学、中学，整个过程中，

最重要的就是“心灵的教育”。

为什么这么说呢？回忆一下孩子的成长历程，从孩子一出生开始，当他（她）被剪断与母体的联结——脐带的时候，一次旷日持久的分离就开始了：从安详地躺在妈妈的怀抱，到耐不住寂寞地开始四处张望，到摆脱父母的怀抱尝试爬行，再到学走路，入托，上学，成人，结婚，离家……在与母体分离之后，更加复杂和艰难的是精神的分离。面对这种分离，不但孩子充满了焦虑，父母也会经常身心不安。心理学把这种现象叫作“分离焦虑”。

但是，谁都无法改变的是，总有一天，孩子要一个人走，要一个人面对世界，成功的分离就是所有教育、教养的终极目标。当孩子最终可以怀着一颗强大的心灵独立于世，面对各种问题，从容应对任何挑战的时候，所有的父母都会感到欣慰和满足。在那一天到来之前，我们要做的就是，给孩子的心灵以滋养，让它足够强大。所以，心灵的教育应该成为教养的核心与本质。

和孩子一起度过的每一个瞬间，都可以被当成“心灵的教育”。当父母以心灵为关注点的时候，就能找到更恰当的沟通方法。例如，当孩子不听话、有烦恼的时候，当考虑孩子发展方向的时候，“是否有利于孩子的心灵成长”将成为我们的重要参考依据。怎样让孩子自信独立、积极乐观、有创造力，同时又感受性强，能体会到生活的乐趣，这是父母最重要的课题。

当然，这也是最需要培养忍耐力的课题。

我女儿刚出生的时候，一位养育过孩子的长辈对我说：“从今以后，有的受了，你做好心理准备吧。”

对于这句话的意思，我现在已经非常理解了。如今不仅是我，凡是正在养育孩子的父母，不都感同身受吗？在养育孩子的过程中，父母由于自己的焦虑、担心，最终带着各种情绪对孩子进行管教，很难做到理性，这样的事例很多。

在孩子自立之前，父母更多的是“守护”和“等待”，是父母充分发挥忍耐力的时候。同时，父母也在每时每刻锻炼着自己的心境，这和养育健全的孩子是密不可分的。

大多数情况下，孩子并不按照父母所设想的那样行动。作为父母，想说的话却不能说，像吞了一块石头似的忍耐，这样的事情也是常有的。对于这样的事情，如果单纯将其作为一种负累，慢慢地就会积攒压力。

其实，培养孩子，父母也能获得成长。如果能够如此带着迎接挑战的心态去面对孩子的成长问题，培养孩子就会变成一件快乐的事情。

总之，在一个人的成长过程中，各种事情都有可能发生。孩子新的面貌、自己意想不到的感情上的惊诧，也会有很多。正因为每天如此，我想，心境也会被磨炼得坚强起来。“没有一天不发生问题的。”如果能够试着超越这种沉重的心态，我们就会变得坚强起来。

这时，你如果感到疲劳、迷惘，试着停下来深呼吸也许会好些。无论发生了什么事情，都会在其中发现快乐的感受。即使是琐细的不值一提的小事，在处理的过程中，也有温暖的感受。我认为，对于父母来说，自身的感受性培养是非常重要的。这种心境的微调，对母亲来说，尤为必要。

我常常这样想：能够被赐予养育孩子的机会，是人生的最大恩惠。那个无可替代的天使般的孩子，如今就在自己的身边。这是值得感谢和自豪的。

这本书里，都是我在培养孩子时经历过的点滴事情，有一些经验，也有很多感悟。当然，孩子的类型千差万别，育儿模式也会因人而异。如果大家读了这本书之后，能在教养孩子的时候，快乐多一些，烦恼少一点，作为父母变得更自信，那我将深感荣幸。

目录

Chapter 1
孩子的自信源于父母及时、准确的肯定

Chapter 2
重视孩子的个性，就能在孩子心中孕育出才能的种子

Chapter 3
被父母理解的孩子才更善良、更坚强

Chapter 1

孩子的自信源于父母及时、准确的肯定

01 “被爱着的安全感”是最重要的

——父母的“无条件接纳”是孩子自信人生的基石

“我喜欢自己。”——在生活中，我们能否这样想，是非常重要的。在我们的内心深处，如果有“反正我怎么也不行”这种自我否定的心理，那么心情将是晦暗的，生活将是辛苦的。不管是爱还是被爱，都将变得很困难——连自己都不爱自己，又如何有能量去爱别人？

“喜欢自己”这种心理状态，不同于所谓的“过度自恋”，也不是傲慢；而是对自己的存在的意义感到愉悦，对自己的存在有安全感。正是有这种心理素质，孩子才能健全地成长，不管遇到什么事情，总是能够积极乐观向前看。

为了使人能够建立起对自己的肯定心理，从刚出生的婴儿开始，就应让他充分感觉“这个世界是安全的”、“这个世界是善良的”、“这个世界是充满爱的”。这是非常重要的。一直到上小学为止，孩子和社会之间的纽带都是父母。虽然有保育园、幼儿园这些联结方式，但孩子基本还是通过父母感知和认识外面的世界。

在这个时期，孩子会以自己的方式去感知世界，他们会全力运用自己的感知觉，全身心地感知来自外界各种各样的事情。

孩子重复体验着来自父母的关爱、大量柔情的话语，自己被父母所接受、被父母所保护，这个世界是安全的，这样的概念就会被强烈地印在孩子的潜意识中。所以，在这个时期，父母必须全力培养孩子的自我肯定感。

有一种说法，“3 岁看大，7 岁看老”，“3 岁前，决定孩子的一生”。确实，从婴儿开始到三岁左右，在成长过程中是非常关键的时期和最需要照顾的时期。

我女儿在快 3 岁的时候，开始会说各种话，自己能做的事情一点点增加，在感性教育过程中，“女儿的话”有令人感到新鲜的、惊讶的、欣喜的、好笑的，在这个时期有意思的事情接连不断。

这个时期孩子的笑脸，对不管多么疲劳的父母都有着治愈的功效，同时让我们感受到为人父母的喜悦。换言之，父母自身也从孩子身上获得了珍贵的爱的馈赠。

养育孩子，不仅是父母在抚育孩子，也是父母和孩子的相互抚育，共同快乐，共同分享安全感。

给孩子的心灵筑造“一生的基础”

随着孩子从保育园、幼儿园进入小学，孩子的世界也在向外扩展。对于孩子来说，也有不高兴的时候，比如小朋友之间，当孩子不能按照自己的想法行事的时候，为了和周围的小朋友和睦相处，其基础就是有一个“喜欢自己”、“认可自己的存在”的良好心态。所以，在孩子稍微大一点儿之后，父母就有必要在语言和态度上表示出“你就按照你自己的想法做就好”的意思。

“自己有自己的立场”、“我父亲是爱我的”、“我想让他抱的时候，他就会抱我”……有这些想法的孩子就会心安理得。从这个意义上说，父母就是孩子的避难所、力量补给站。

当孩子成为小学生，随着年级不断增长，可以说他们在不断实践自立。不过，离完全自立还为时尚早。这时，孩子在朋友关系上会遇到各种问题。随着孩子年龄的增长，父母应该减少对孩子的感情干预程度。但是为了消除这样做给孩子带来的不安，也应该有意识地注意孩子，和孩子接触。

女儿小学六年级时，有时候我在沙发上坐着，她会一言不发地将身体靠过来。看到她这个样子，我就能感觉到她在学校里遇到了不顺心的事情，便很自然地给予她拥抱。

因为女儿没有特别地想和我说，我也就不去问。这时，她只不过是在感情上给“外边的自己”和“家里的自己”寻找内心平衡，或者是在母亲的怀抱中得到被保护的安全感。

孩子通过这种肢体接触来感受父母的关爱。对于寻求安全感的这种行为，我想对于幼儿和六年级的小学生来说，其实都是一样的。

喜欢自己；自己是被爱着的；这个世界是让人放心的——这就是孩子通过与父母的情感交流切身感受到的。这些交流包括无数的关爱的话语、拥抱，等等。孩子们正是通过这些情境，在意识里树立起向前看的态度，同时变得坚强起来。

02 相信孩子即使跌倒也能重新站起来

——父母要发自内心地信赖孩子

当孩子发生任何事情或遇到挫折的时候，有些父母马上就会想：“这孩子真是差劲，自己什么都不行。”

还有些父母会条件反射般地认为：“不会吧，我家的孩子应该不至于这样的。”

多数的父母会有上述两种想法之一。例如，孩子在学校和小朋友打架了，或者孩子发生什么事情的时候，“虽然想相信自己的孩子，可是，万一……如果……”这样的想法会划过脑际。

我从心底相信孩子；可是，万一惹出什么祸来，也不是完全没有可能——这就是“左右摇摆”。

这里“惹出什么祸来也不是完全没有可能”的意思，就是那个所谓的“万一……”，其动机就是万一发生这样的事情的时候的“心理准备”。父母的这种想法对于孩子来说，是极其错误和失败的。

我们为了生存，很多重要的事情都要从“经验”中学习得来。为了让孩子能够掌握“经验”，让失败变成有益的经验，大人的循循善诱是非常有必要的。所以，当孩子犯了错误和失败的时候，父母的态度对于孩子是非常重要的。

最重要的就是如何信赖孩子。

所谓信赖孩子，并不是相信“我们家的孩子不可能干坏事”、“我的孩子不会失败”。而是应该相信“他（她）虽然干了坏事，但有很强的反省能力”、“就算失败了也能够重新站起来”。

没经历过失败的孩子是没有的——这话对于任何年代的孩子都是适用的。有时失败不是因为失误，而是干一些明知道不该干的事情。但是，即使是大人也有失败和犯错误的时候，更何况未成年的孩子们？不发生问题是不可能的。

正因为如此，和他们最亲近的父母才是最重要的。不要过于责备孩子，而是要考虑下一步应该如何做——“失败是成功之母”。“即使失败，我也相信你有能力从失败中学习到经验教训。”应该以这样的态度对待孩子的失败。

这种态度不仅局限于发生问题的时候。对于那些胆小、过于内向、很容易放弃的孩子，也是同样有效的。

“我相信你能够重新站起来”——父母首先要相信孩子并明

确地向孩子传达出这种信任的信息，那么孩子就会放心，从而能够继续向前进步。

信任孩子是父母最重要的工作之一

对于孩子来说，没有比得不到父母信任更悲哀的事情了。这就等同于自己的存在被否定了。

就像前文所说的，自己的存在是被认同的，自己是被热烈欢迎的——有了这种安全感之后，本身具有的力量才能发挥出来。这样看来，“相信孩子”可以说是父母的重要工作之一。进一步说，相信“孩子具备的能力”，既关系到孩子能否变得坚强，也关系到孩子今后的发展。

遭遇问题的时候，一方面，应该让孩子清楚理解“这个可以做，或者不可以做”，促使他们反省；而另一方面，明确表示“无条件地接受存在问题的孩子”也是重要的：

“不管你怎么样，我都会接受你的，我是爱你的。”

不管发生什么事情，父母都要有一种接受的姿态和语气……父母应张开双臂坦诚地接受他（她）。这种确信，关系到孩子能否重新站立起来的问题。

“不管什么时候，我都被父母爱着，他们永远接纳我。”我认为自己和父母之间的这种信赖感、自我肯定感，能够改变孩子的任何不良习惯和表现。

03 允许孩子撒娇，但不娇纵

——表达爱意，肉麻一点也无妨

对于已经过了幼儿期的孩子，如果父母一边拥抱孩子，一边说“我好喜欢你”、“真可爱”等，会让多数人感到不适，受人诟病。确实，在人前夸奖自己的孩子，并如此直接地表达出来，一般会被看成是一个彻头彻尾的溺爱孩子的糊涂家长，这并不是什么让人高兴的事儿。

每当我的母亲听到我赞扬我的女儿“真是可爱”时，她就会感到别扭，说：“哪有这么赞扬自己女儿的，真是好笑。”当然，我说这样的话时，也只是我和女儿两个人，或者是只有家里人在旁边。但是即便如此，我那以谦逊为美德的母亲，还是会有如此大的意见。

实际上，在我还是孩子的时候，如果有谁表扬了我，母亲马上就会说：“噢，不，这没什么的，您太过奖了。”

虽然，这是母亲谦逊的话语，可是在我的记忆中，这就像是自己被否定了，心情总不是很好。

“真喜欢你”、“你真可爱”……这样的话有两层意思。

其一是形体、动作上可爱的意思。还有一种，就是对这个孩子的存在表示喜欢的意思。所以，我认为在对孩子说这种话的时候，意思为“我为自己生了这个孩子而感到愉悦，为有这个孩子而高兴……”，并且把这样的想法传达给孩子。

“宠爱”和“溺爱”是不一样的

对于孩子来说，“给予绝对的爱意”，具体是一个什么样的概念？父母如何向孩子传达自己的“满腔爱意”呢？

我认为“如何”这一点才是重要的。但是有人脑海中会浮现“溺爱”这个印象。

然而，“宠爱”和“溺爱”是不一样的。例如，中学生有时还会有撒娇的行为，这就是向父母要宠爱的表现。我家的女儿也是，平常对待父母的时候，有时很冷淡，有时还会恶言相向。然而，我们俩散步时，女儿会牵着我的袖口，用手搭着我的肩膀，有时还会牵着我的手摇晃。所以，我什么也不说，只是由着她去做就好。也就是说，由着孩子去撒娇。这是很重要的。不管什么形式，孩子对父母撒娇，是希望能够获得心中的那份平衡。

那么“溺爱”是怎么回事儿呢？对此，我也经常在思考。

孩子自己有能力做到的事情、想自己去做的事情，父母就先为他们做了……这是很明显的溺爱。这也是剥夺了他们的自立之心。还有，只要喜欢，什么都给。买东西的时候，不买就不高兴、耍脾气，父母没办法，就买了。这也可以说是娇纵或者溺爱吧。

然而，这到底是父母的一种支持，还是娇纵呢？在很多场合是很难判断的。

例如，下雨天去上学，校服和鞋子就会淋湿。这时，是开车送他们上学，还是培养他们在任何情况下都要自立的性格呢？还有，对于不爱吃的食物，认可他们不吃也行；忘在家里的校服每次都给送去；等等，到底是对还是错？

以育儿为中心主题的演讲中，芭芭拉·科娄罗索（Barbara Coloroso）提出了“作为父母，只要直觉可行，就可以跟着直觉走”的说法。对于父母的直觉，如果不下意识加以区分，根本就分不清到底是直觉呢，还是自己的想法——且是掺杂了自己的感情。

直觉是“人类的内在自我发出的声音，好像要传达什么似的”，芭芭拉正是如此说明的，可以说直觉是本能的一部分吧。我想，作为父母坚信自己的直觉，在育儿过程中是必不可少的。

孩子将东西落在家里了！

我们还是回到“溺爱”这个话题。

例如接到电话：“我校服忘在家里了。”这时，只要对她说“我还有事，不能给你送去”就可以了，芭芭拉是这样说的。因为这是她自己忘记了东西，所以这也是一个学习“责任”的好机会。

可是，忘记的东西绝对不能送去吗？送去就是娇纵吗？送还是不送？这时，遵从你的直觉就显得非常重要。

如果每次孩子忘记了东西都给她送去，过后，自己心里也许会说：“这也太娇惯了吧？”如果这一天的体育课上，有测验或者记录成绩，我会觉得也许还是给她送去比较好。但是，孩子要是因为自己忘记东西而失败，却把“不胜任”归咎于家长，并且还认为给他（她）送去是理所当然的，这就适得其反。对于孩子来说，有必要让他（她）感觉到，这是家长出于他们的关心而“特别送来的”。

在我们家中，如果是忘记带盒饭，都是要设法送去的。虽然说可以去小卖部买或者和朋友分食，但我认为孩子饿着肚子是家长的过失。

孩子在去学校途中的车上或者学校中，悄悄打来电话，从那认真的声音中，传达出的是一种忐忑不安的心情：

“对不起，我把盒饭落在家里了。”

“噢，真是啊。你想怎么办呢?”

这样的对话也是有的。虽然我准备给她送去，也要先确认一下她的意思。

“如果可以，您给我送来吧。”

当家长打算要做什么之前，让孩子把话说出来也许更好。这样也可以提供一次让她学习的机会：让她知道她的过失所在——这次是因为她自己的不小心给别人造成了麻烦。

04 很多叛逆，只是想获得关爱

——无可替代的陪伴与关注

在朋友的孩子中，有一个对大人挺叛逆的女孩。她不仅抗拒自己的家长，对朋友的母亲们也一样。

记得女儿上小学一、二年级时，孩子聚在一起参加一个活动，他们的母亲也一起陪同。每当看到她对母亲的抗拒态度时，她总是一副要哭的表情。

可是，她的母亲既不看孩子的表情，也不寻找原因。只是说一句："没办法，她就是一个容易发脾气的孩子。"然后便放任不管了。

确实，孩子是有反抗期的。可除了反抗期之外，心中因为某一件事不满时而反抗，也是非常普遍的现象。

例如，缺乏父母关爱的语言和亲情动作的孩子，就会在心中产生某种饥渴的感觉："请关注我吧，请认同我吧。"我明显能感觉出那个女孩，正是想用反抗的态度来引起家长的关注。

另一方面，以某种方式观察大人脸色的孩子也是有的。他们的重要人生课题就是：怎样才能从希望得到关爱的人那里得到关爱呢？在无意识中，这就成了孩子们的行动标准了。这样的孩子，有可能在幼年时期的成长中，没有切实地感受到关爱。在他们的心中可能藏着“我是不被人喜欢的孩子”、“我没有被爱的价值”这样的潜意识。

这样的孩子将来很容易陷入一种模式，可能为了紧紧抓住一点点的关爱，就会形成对他人强烈依赖的人际关系。他们从内心深处认为自己是没有价值的，自己看重自己的意识很低，即便受到别人的无理对待，也会认为这是没有办法的事情并自暴自弃。

不能很好地对孩子表达爱意的时候

作为家长，对孩子无疑是充满爱意的。但是，能不能完美地表达出来、准确地传达给孩子，可就是另外一回事了。实际上，上面提到的那个叛逆的女孩的母亲就说：“对于女儿，我怎么也无法做到一边喊着‘你真可爱’，一边搂抱她。”

我认为这既不是她不好意思表达对孩子的爱，也不是孩子感觉不到她的爱。或者说，这与其自身的成长环境有关系。这位母亲在幼年时期，就是在没有多少关爱的语言、没有多少拥抱的环境中长大的。

如果是这样，那么她不知道该怎样来表达爱意，也是可以理解的。对这位母亲来说，不管心中的爱意如何像泉水一样翻涌，她都没有向外宣泄这种感情的渠道，或者是这种渠道被堵塞了。

不仅仅是这位母亲，也有不少父母无法很好地从态度上或是语言上向孩子表达爱意。当然，让孩子健康地成长是所有父母的愿望。其实家长也能意识到自己内心的这种不协调。原本是纯粹的爱情结晶的孩子，却在某种意义上变质了。

在孩子表现出不安神态的时候，我们应该尽可能地紧紧拥抱他一下；在他表现出反抗的态度时，握住他的手或用话语与孩子在心灵上取得契合。这才是我们应该做的。

可是，当孩子进入小学高年级之后，家长也许就觉得很难再进行这种亲密接触了。即使在旁边陪着孩子坐一会儿，应该也是不错的。这就是在不停地向孩子发出一个信号："妈妈在旁边守护着你呢。"

就像前边所说的，经常说一些关爱的话，经常拥抱孩子，可以让孩子在内心深处得到安全感、满足感，能够充分认定自我价值。

即使在孩子小时候没有很好地对他表现出关爱，即使没有给他很多的拥抱，对于培养孩子来讲，也不存在"已经晚了"

一说。我认为，只要自己注意到了本身的问题，积极改进，就可以取得很大的进步。父母能够给予孩子的，不光是遗传基因和性格等，像这种表达爱的“模式”也是会被传承的。

所以，对于育儿来说，和孩子接触的方式，对父母自身也可能是一种挑战。通过养育孩子，父母自身也能陶冶自己，促进人际关系方面的有益变化，从而使自己的一生更加丰富多彩。

05 那些影响孩子一辈子的话

——否定性言语会给孩子造成心理创伤

在孩子成人之前，父母最重要的事情是什么呢？在思索这个问题的时候，我脑海中浮现出要做好的两件事情。

一件是守护生命；另一件是让孩子获得“活下去的能力”。

虽然还想到了其他许多东西，不过我认为，那些最终都是为这两件事情做铺垫的。“守护生命”就包含着关心孩子的健康、向孩子灌输生命的重要性、每天做对身体有益的可口饭菜等，这些日常事务都是与之相关联的。还有，获得“活下去的能力”将在随后章节中详细叙述，这都和“保持自信”相关联。

其实，这种“自信”，最基本的还是“安全感”。就是要让孩子在内心深处感觉到自己是被关爱的，自己的存在是有意义的。

孩子在这个世界上的存在是被承认的，内心怀有这种“安全感”，再加上在家庭生活、学校生活，如运动、交友等各方面的成功体验，孩子的自信品质才能培养起来。

例如，“真是个笨孩子”、“怎么这么简单的事情都不会”等，这种对孩子的存在持否定意义的话，是绝对不能说的。我想多数家长都是知道的。尽管如此，在现实中，当孩子总是不听话、该做的作业不做、一件事情反复强调等时，家长不经意间就会脱口而出“真是个坏孩子”，这样的情形是很多的。

那是女儿在幼儿园大班时的事情。她练习钢琴时，在同一个地方好几次出错。我觉得她肯定不是不会弹，而是不认真弹，于是不假思索地训斥道：“为什么弹了那么多遍还弹不好！”

这时，女儿一脸悲伤，但是还没有哭。看到她那冰冻了一般的脸色，我伸手抚摸她的脸，她的眼泪一下子流了下来。

看到这情形，我猛然清醒过来。“对不起，是妈妈不好，真是对不起。”我紧搂着女儿，真的感觉很对不起她。

她已经尽力在练习了。正是因为弹不好，所以才反复练习。而我却任凭自己的感情宣泄，粗暴地训斥她，真是太不应该了。于是，我马上道歉，女儿也紧紧地抱住我说：“真可怕，吓了我一跳。”

对于父母的要求，孩子做不到，这样的事情经常发生；父母的情绪在不经意间就会发生变化，这种事情也是常有的。但是，如果任由这种感情滋长，对孩子说出否定的话语，这样会对孩子的心灵造成怎样的伤害，是不难想象的。

不仅是感情冲动时说的话语，平时，父母不经意间说的一些气话及不够肯定的态度，都有可能给孩子造成心灵上的伤害。父母要有意识地调整自己，这是很有必要的。

不论是对自己还是对孩子，有必要追求完美吗？

很多人成年之后，会遇到这样的情况：在某个时刻，或者遇到某件事情的时候，无论怎样都无法树立自信。与其说是单纯的经验不足，还不如说是因为小时候曾经在父母那儿经历过心理创伤。这样的事例是很多的。

18年前，我进修了“教育分析”的课程，这是成为“荣格心理学”的分析师所必修的。期间我们就相互心中的问题进行了分析。

那时，有一个20多岁的女性，刚刚有了喜欢的人，马上与他发生了关系。据她的诉说：“我就是想确定恋人关系，然后结婚。”经过几次心理会诊，终于知道，在她的内心深处有一种想法——“没有自信，认为自己什么都不行。”

之后，对此进行更深一步探究的时候，她回忆起来：“她3岁时，想帮妈妈做事，在拿盘子的时候，打碎了盘子，被母亲狠狠地责骂了一番。”

也就是说，想帮母亲做事的想法和行为没有被认可，被看到失败结果的母亲斥责为笨蛋。那件事使她陷入“自己不会被爱”的思维模式，让她对自己没有自信，因而影响了她一生。幼年时期的经历，对成年后的行为模式还在产生着影响。

在上“教育分析”课程时，我就感觉到，在孩子幼年时期，父母的言行及亲子关系将对孩子未来的人生产生深远的影响。

正因为如此，不要让孩子受到伤害，我们要打起百倍的精神来和孩子接触。前面所说的“娇惯”的事情也是要自觉杜绝的。

亲子关系中，我认为“表达方式”很重要。父母觉得自己为人父母，要求自己做到完美，同时也就会过于要求孩子完美。其实，我们作为父母是没有必要追求绝对完美的，何况对于孩子，更是没有必要。

形态心理学治疗者、九分法（将人的性格分为九类，可以探知自己的本质，加深对别人的理解）的大家铃木秀子，在她的著述中说：“我们每个人都有弱点，大家都不是完美的。大家都有必要寻求得到某种谅解。”我认为，在面对孩子的时候，有必要将这句话时刻记在心中。

06 自己决定，自己负责

——适当放开决定权，培养孩子对理性决策的能力

在我们家中，如果想让孩子做事，首先要听听她自己的意见，尽可能地尊重她本人的意见。

当然，在准确无误地和孩子说明之后，也并不是所有建议都能得到孩子的认可。但让她本人考虑自己要怎么做，在情况允许的基础上尽量尊重她本人的决定。父母如果能仔细倾听孩子的意见，认真和他们交流，孩子也不会任性和不讲理的。

从小就让孩子自己思考要怎么办，并能向父母表达清楚自己的意见。这个过程不仅能培养孩子健全的精神，而且可以培养孩子对事物进行理性判断的能力。

秉持着尊重女儿、尽量放手的原则，她 2 岁左右时，我就已经对她进行如厕的训练了。

训练孩子上厕所，对于父母来说是一个难关。很多父母一

开始都会遭遇挫败，所以，有些父母忍不住发怒，孩子反而被吓回去了。这是考验父母忍耐力的竞赛。

在上厕所的训练中，我也曾被搞得焦头烂额。因为过于焦躁，最终发怒的事情也有过，甚至开始厌恶自己。这时，我向2岁的女儿提出一项建议：

“从今天开始，你什么时候觉得可以不戴尿不湿了，就告诉我，好吗？”

女儿一脸认真地说：“我明白了。”

约3个月后，某天，女儿对我说：“我从今天开始穿短裤，不要尿不湿了。”话虽这么说，可是毕竟只是2岁的孩子。实际上，我都不知道她是否完全明白了自己所说的话。不过，因为是她本人说的，从那天开始就试着给她穿短裤了。

就这样，女儿自己决定穿短裤之后，还真是一次都没有失败过，一次都没有！虽然可能是偶然的，但还是让我很吃惊。

还有，女儿3岁的时候，我想让她学习芭蕾。

那时，我也是向她提出了建议：“我觉得你应该去学习芭蕾，你觉得怎么样？”

因为以她的年龄还不清楚芭蕾是什么，我解说的时候可能对她有些诱导。不过在考虑学还是不学的时候，还是由她自己决定。

在提出建议后，我又向她说明了为什么让她学习芭蕾，还让她看了真正的芭蕾是怎么回事儿。这时，女儿说“想要试试”，所以我带她去了芭蕾的体验课程。

因为是她自己想去的，我觉得她一定会喜欢的。但事实上，她虽然进了体验教室，却一点儿也没有要进场练习的意思。就这么在既想进去、又不想进去的状态中耗着，一个小时不知不觉就过去了。

虽然我也想着“特意来了一趟，进去试试也是好的”，但是，为了尊重她的意见，最终这一天一无所获就回来了。

我们从芭蕾体验课回到家后，我问她为什么不下场练习，她回答说，大家都穿着练功服，只有自己穿着 T 恤衫和裤子。然后又说，现在还不想学。也许是还没有自信，又或许是还不十分明白吧。

“那你什么时候想学呢？”我试着问道。她回答：“4 岁开始学习。”虽然不知道为什么要 4 岁开始，但我还是决定尊重她的意见。

在迎来 4 岁生日的时候，我问她：“已经 4 岁了，芭蕾的事情怎么样？”“学。”女儿回答说。是她自己想通了吗？已经没问题了吗？不管怎么说，女儿自己决定开始学习芭蕾了。之后，一直到如今的 14 岁她还在继续着她的芭蕾梦。

让孩子来决定，给他们学习负责的好机会

也许有人会想，即使我肯让他们自己决定，但孩子无法做出判断怎么办？确实，只是单纯地问“你想干什么”是没有意义的，什么都尊重孩子的意见也不是件好事。

在和孩子进行充分的交流后，再“试着让他自己做决定”，这个态度是很重要的。

这时，父母如果认真、充分地和孩子交流，就可以明白各种各样的属于孩子们的想法。“孩子不会明白这些吧？”有这种顾虑的家长，不正是观察力不足吗？

而且，在上小学之后，孩子自己的意见会变得更加明确。我认为，尊重孩子的意见，也是让孩子学会“自己要对自己决定的事情负责”的好机会。

让孩子自己判断的好处

我的女儿自己决定学习芭蕾，嘴里也时常会冒出“我不想学了”的话。不过，“这是自己经过考虑做出的决定”让她最终没有放弃，应该是“自己要对自己的决定负责”的意识起了作用吧。

而且，最近她好像也明白了，她所谓的“要放弃”也只是一时的冲动。虽然如此，也许总有一天她会做出决断，终止学习芭蕾吧。那时，我想我还是会和她认真地谈谈，之后尊重她自己的意见。

其实，不光是坚持，我认为即使是断然放弃，也是孩子对自己决定的事情履行的一种责任。

通过自己决定事情，不仅可以使他（她）获得自信，同时也能使他（她）认识到对决定了的事情要负责任。

总要有一个开始，总要有一个选择，让父母放手，让孩子开始为自己的人生负责。人生就是一个接着一个的选择、一个接着一个的决定。为了让孩子有勇气去选择自己的道路，家长最重要的就是让他们获得判断和选择的能力，并守护着他们成长。

07 孩子是自己的，但不仅仅属于自己

——适当保持距离，相信孩子本身的成长意志

就像在成人的交往中一样，某种程度的距离感很重要。孩子和家长也需要适当的距离感。

如果目光始终紧盯着孩子，这时，不管是孩子还是家长，都会感到很疲惫。更重要的是，如此一来，很有可能会剥夺了孩子的自立之心。

孩子不会总是婴儿，也不是总需要家长照顾的幼儿。然而，有时候作为母亲，却认为如果没有自己，孩子什么都不行，只有自己才最了解孩子。其实在孩子成长的过程中，家长也必须要随之成长。也就是说，家长的作用也随着孩子成长而发生着改变。

如果不能清醒地认识到这一点，把孩子当成自己的附属物，孩子的成长很容易就会超出正常的控制范围。

为了避免这个问题的出现，适当的距离感是必要的。自己全身心地养育孩子，同时，用一种冷静、客观的目光来看待孩子，是很重要的事情。

当我意识到要“和孩子保持距离感”时，就经常会有“孩子是被赐予的”的想法。这是一种“虽然是自己的孩子，但不单纯是自己的东西”的感觉。

为什么会有这种考虑，我想举一个例子来说明。

当我知道自己怀孕了的时候，确实是吃了一惊。之所以如此反应，是因为我当时身体内被确诊有几个比较大的子宫瘤，医生说我很不适合怀孕。

实际上，从我知道怀孕之后，医生就对我说：“因为子宫瘤的关系，首先子宫很不容易变大，所以早产的可能性非常大。另外，随着肚子的变大，会有非常强烈的疼痛，很可能要使用吗啡……”她甚至跟我说，建议这次就不要这个孩子了：“等子宫瘤切除手术之后，再考虑怀孕不是更好吗？”话虽如此，可是已经有了这个小生命，做手术可不是那么简单的选择。到底该如何是好，当时我真的很迷惘。

我不知道自己该如何是好，不知如何面对肚子里这个不幸的生命。

有这样一种说法，“这个世界像是让灵魂学习成长的学校”。当然，世上有各种各样的人生观、生死观、宗教观，但至少有一种观点，会支持我认为腹中的生命是带着要到这个世界上来学习的“意志”，才选择了我做她的母亲。

也许，从我的角度来说，这是一个令人感到非常痛苦的子宫。对于胎儿来说，这实在不能说是一个好地方。到底能不能顺利生产，谁都不知道，而且成本也太高了。尽管如此，这个到这里来借宿的生命，说他（她）是有勇气也好，说他（她）是挑战者也好，总之，毫不夸张地说，他（她）是有要被生出来的“意志”。我是这样认为的。

所以，我决定尊重这个“意志”。

不要过度保护

怀孕过程中也是惊险连连。借用医生的话来说，怀孕就像是在“阿尔卑斯山脉的险峻山峰中的狭窄地带着陆”似的，胎儿就像是在一点点扩展自己的领地似的，一边挤压肿瘤一边成长。随着肚子的变大，肿瘤被分成小块分散了。和医生的预想相反，既没有一点儿疼痛，也没有子宫痉挛，胎儿顺利地成长起来了。

然而，在第 8 个月的检查中，发现胎儿头颅中积水。如果这样发展下去，有脑积水的可能性。然而，这种积水也有可能被吸收，只能慢慢观察。这件事对我的打击很大。

一连 3 天，我都是在伤心哭泣中度过。不过，到了第 4 天，我忽然有了一种强烈的觉悟：这个孩子是我自己选择的，所以即使是脑积水或者其他什么，我都会接受的。之后，非常幸运，大脑中的水被吸收了。通过这件事，也让我不得不再次感觉到肚子中的生命想要生出来的那种强烈“意志”。

每次面对孕期的各种困难，我都会对自己说：“这么点儿事儿不用担心，没关系的……”每次都印证了那个强烈意志的存在。

正是有了这样的心理历程，所以从一开始决定生这孩子，对于这个孩子，我就没有“这个孩子属于我一个人”的想法。毋宁说，在我的意识中，这只是迎来了预料中要来的一个灵魂，它是神灵交给我的。正因为如此，在我的意识中，有强烈的“被赐予东西”的感觉。她一定是为了要在这个世界上体验各种各样的事物而生的。所有的生命应该都是为此而生的。父母的任务，就是帮助这个灵魂成长。也就是说，父母要全力帮助孩子去做他们想做的事情。

为了让孩子获得强大的生存能力，要培养他们强壮的身体，传授给孩子人生的重要经验，锻炼孩子的心智，一起去感动人生。

如果有了“孩子是被赐予的”这个意识，家长就可以跟孩子保持适当的距离感，有时即便是容易产生情绪的情景，也应该能够及时调整，从客观的视角和孩子进行沟通。

Chapter 2

重视孩子的个性，就能在孩子心中孕育出才能的种子

08 抛弃“我希望孩子这样……”的想法

——任何违背孩子本性的期待对孩子都是伤害

“我希望孩子是这样的……”这种想法，所有的家长都有过。我也是，对于女儿有某些愿景和期望。可是，我深切地感觉到，这些愿望也只是愿望而已。

我认为，很多家长应该都感觉到了：当你心里想一定要孩子怎么样，在很多时候孩子并不是按照家长的想法行事。而且，父母与孩子看着距离很近，然而考虑问题的方法、行为的模式却并不一定相同。比如，家长是干什么都干净利落，而孩子却慢吞吞的，这种情况也是有的。

这时，如果控制不好情绪，“怎么就不能快点儿吗？”一个劲儿地这样呵斥，孩子就会感到压力很大。

人是有各种各样的类型的。这种特性、气质说不上是好还是不好，只能说是这个孩子的个性。然而，作为家长，如果不能让孩子按照自己的想法去行动，就很容易认为是孩子做得不对。

与其说是缺点，不如说是这个孩子的特点。“这就是这个孩子”，所以应该使用适合这个孩子的语言、把握适合这个孩子的方向，这才是重要的。

其中，有的孩子需要家长用各种理由反复劝说才能动起来，而有的孩子却是什么都想按照自己的想法行动；有的孩子是稍微干一点儿事就腻了，而有的孩子则可以一直专心在一件事情上。

更有甚者，即便同样都是浅尝辄止类型的孩子，家长需要用怎样的言语进行劝说，才能不给孩子造成压力，使他们发挥出自己的能力，每个孩子也都是不一样的。如果只是参考一些育儿书籍，用些同样的方法，一般不会得到想要的效果。

所以，仔细深入地观察自己的孩子，看他（她）对什么样的言语有什么样的反应，是很重要的。为此，在日常生活当中，他（她）对什么东西感兴趣、他（她）是怎样玩的，一个人玩儿的时候是什么样子，和小朋友一起玩儿的时候是什么样子，因为什么事情表现出要打架的架势，和什么样的小朋友在一起时很开心，和要好的小朋友在什么事情上表现出孩子的愉悦，如何与人交往的……这些都是需要家长观察的。

但是，这时需要注意的是，不管对于什么类型的孩子，不要针对孩子的某个特点做出“好”还是“不好”的评判。在和孩子接触的时候，必须要保持客观性。

理解孩子的类型，在育儿过程中，可以说是得到了一份标有导航路线的地图，可以让你知道走哪条路、用什么速度行走比较好。而它的目的地，就是建造适合孩子类型，可以让他茁壮成长的环境，并建立良好的亲子关系。

将孩子嵌在“类型”中吗？

女儿已经上中学二年级，她从小就对任何事情都很慎重。是那种对一件事情必须在反复确认“这是可以的”之后，才会付诸行动的类型。

在我看来，她有点儿过于慎重，不善于挑战新的事物，抓不住机会等。如果要绝对的安全、只干自己能干的事情，会让自己的可能性变得很狭窄。如何纠正她的这一点，我考虑了很多，也很烦恼。

然而，如今想来，是我被“她应该成为对什么事情都积极的孩子”这种观念给束缚住了。我希望孩子是那种“我要做XX！”“我想到XX去！”的、朝气勃勃、好奇心旺盛的类型，也许是我将孩子嵌入“类型”了。

慎重也不是什么坏事。于人于事，能持有这种态度也是好事。这样想来之后，女儿谨慎对待事情的时候，我就不再表现出很急切的样子了。

不管是怎样的小事，如果没有把握就去做，是不会有好结果的。而且，如果孩子被迫接受家长的意见，一旦自己受挫或者事情不能顺利进行的时候，就会埋怨家长，认为不听家长的意见就好了，这种可能性也是有的。所以，我只是将必要的信息和意见全部告诉她之后，剩下的就让她自己去决定了。

秉持这样的原则，经历了一段时间之后，女儿还是发生了变化。本来慎重、不太主动的她，随着年级的增长，也开始变得喜欢和朋友们一起，积极地发表意见和想法了。小学六年级时，参加了班级“后援团”的候补；进入中学之后，积极地参与班级文化节展出品的制作等。

她现在上初中二年级，学习任务增加，俱乐部活动非常繁忙，但她并没有因此消停下来。反而又想学吉他，又想参加钢琴的汇报演出，想挑战的事情好像越来越多了。

当然，孩子在读书阶段，生活的重心还是学习。想要挑战的心情家长是支持的，但要是因此而疏忽学习，则是本末倒置了。对于学吉他，我们的条件是，如果分数低的学科成绩上来了，就可以。而且还约定，如果成绩下降，就停止学习吉他。

培养个性丰富的孩子

认清孩子的类型之后，如何有效地根据他们的个性因材施教呢？无论是长处还是短处，或者是其他的个性特征，都应将其与他们的生活和发展方向联系起来。根据这一点，真诚地希望孩子可以遇到自己喜欢的事情和自己想做的事情。

有一种说法，把孩子的教养问题叫作“父母的事业”。也就是说，在孩子成人之前，应该将对孩子的教育看成是一种“工作”。在孩子成长过程中，需要父母来做引导“工作”，这对父母来说，在体力、忍耐力和智慧方面，都是一个挑战。

在孩子小的时候，你是不是要强迫他迎合父母的节奏？从小学到中学，你是按照孩子的特性对待他（她）了吗？你是不是只是按照父母的价值观，单方面地判断孩子了？仔细地回顾一下这些，对今后的改进是很重要的。

如果能够小心地呵护，培养出个性丰富的孩子，是令家长非常欣慰的。尽管有时候“希望他这样”的愿望有可能落空，但以这个孩子的主体为焦点的话，反过来可能会发现新的可能性也未可知。

09 每个孩子内心都有敏感的地方

——了解孩子对事情为什么会有意外的反应

在前面的章节中已经阐述，为了有效发挥孩子的个性，使之茁壮成长，家长首先要仔细地观察孩子，这一点是很重要的。

这其中，孩子厌恶什么？什么时候是悲伤的？什么时候是生气的？我认为这些都是家长有必要加以注意的。

孩子对于别人对他说了什么、做了什么，有各种不同的反应。从大人的角度看，即使不是什么大不了的事情，也会变成孩子突发感情的引爆点，触碰到之后，孩子或者发怒，或者悲伤，或者陷入一种极端的厌恶情绪……这都是经常遇到的情况。

其实，想想看，即使是我们成年人，也会有一些我们无论如何都不愿意接受的语言和态度。而且，对于某些事会有强烈的禁忌，一旦提及或讨论，就会受到伤害。

同样，孩子也有孩子式的自尊心。所谓的自尊心，就是承认自己的能力、能够相信自己价值的一种信念。

当着别人的面训斥孩子，或者把孩子和他的兄弟、其他人进行比较，这是教育孩子的大忌。“真是笨蛋”、“为什么一再提醒你，还是不行”等话语，都是极具伤害性的。这样不断地被否定，孩子就会没有自信，会认为自己是没有价值的，进而丧失了进取心。

如此一来，本来很可能即使只要稍微努力就可以办到的事情，没自信的孩子也会马上放弃了。

孩子对什么事情有所反应的时候，家长不要以为“这只是单纯的任性”、“就是这样的性格”、“没什么办法”……这其实只是想回避问题而已。有时，虽然只是大人的一句闲话、一件微不足道的小事，却正好就刺激了孩子的“反应点”，这样的事情屡见不鲜。

“不想失败”的想法背后的东西

朋友的孩子，是一个极其讨厌和别人竞争的男孩。在小学的运动会上，如果参加像篮球这样的集体竞技项目还好，但如果是赛跑这样的个人竞技，他就会充满厌恶。最初，家长对此也没有太在意。可是，有一次发生的一件事，使大家明白了这个理由。

这个孩子上小学之前就一直在学习小提琴。

小学六年级时，他的父母为了让他更加努力，算是想给他某种目标吧，于是建议他去参加一次小规模的音乐竞赛会，却遭到这个孩子的坚决拒绝。而感觉上，他拒绝的方式，好像也不是出于单纯的任性。

于是，仔细地询问他不去的理由，他好像是说“不想参加任何没有绝对获胜把握的比赛”。即使父母对他说明“参加音乐竞赛会的目的并不是为了获胜”，他也听不进去。

“不想干没绝对获胜把握的事情。”——这种想法如果看本质，那就是绝对不想失败。而之所以愿意参加运动会的团体项目，也是因为失败的时候，不光是自己一个人的责任吧。他本人虽然没有说出这个理由——可能是连自己也没有意识到——但只有这样的解释才是合乎逻辑的。

为什么会有这样的想法呢？应该是他曾经遭遇过某些失败，那时父母的应对方式，对孩子一直还有着影响。

实际上，这个孩子在上幼儿园的时候，有一次和父亲上公园玩儿，父亲让他试着玩儿单杠，结果很不理想，因而他被父亲严厉地训斥了一番。就是因为这个起因，如果这次被强迫参加音乐竞赛会，孩子就会再次感到有压力和“被强迫”。或者反过来说，孩子也许会勉强为了迎合父母的期待而压抑自己的情绪——这样会使他变得连小提琴都厌恶了。

直到最后，这个孩子也没有去参加音乐竞赛会。相反的，他将汇报演出等机会当成自己的目标。在这里积累了成功的体验之后，他一点一点地认识到，自己的竞争对手其实是自己。

不能仅从结果来判断孩子的态度

不仅是上文中的男孩，很多孩子都有“不想失败”的想法。抱着这样的想法，不管是学习还是交朋友，他们一边尝试着各种各样的失败，一边学习到很多东西。

例如考试成绩不好的时候，父母该如何对待？是每次成绩都不好呢，还是偶尔不好？仔细了解这些是很重要的。这时，如果孩子丧失了自信，家长不要训斥，要和他产生共鸣，告诉他这样的状况也是有的，向孩子表示出你是接受他的，这也是非常重要的。

当孩子对失败非常恐惧的时候，不管你口头上怎么说“失败了也不要紧”，他也是难以接受的。因为孩子在头脑中也是明白的，只是他们心理上很难接受而已。

所谓把握孩子反应的“敏感点”，也包括观察孩子潜在的心理负担。确实，要想分清“是因为某种伤害而造成的原因”，还是只是单纯的任性，这是很困难的。然而，尽量仔细地分清楚这些原因，是父母的工作。

孩子在小学低年级的时候，和小朋友玩时，因为一点小事儿而突然跟对方翻脸，不依不饶的，这样的事情经常会有的。

这是经常发生的事情，但如果同样的事情总是反复发生，那么肯定有形成这种情况的原由。

孩子反应的“敏感点”，看起来几乎都是在孩子身上不应该有的坏习性。先不要去管孩子的态度是好还是不好，试着费一番心思贴近孩子的心灵，也许是不错的方法。

因为什么不高兴了？背后的理由或许有值得体谅和尊重的地方。

如果只是单纯的任性，也有必要和他（她）仔细说明，让他（她）理解、忍耐并考虑对方的感受。

如果不是任性，像先前的男孩一样，是基于过去的悲伤、痛苦的经验，那么这时，首先要感受到当时孩子的情绪，这也是很重要的。

还有，如果是因为这种情结而引起事端，就应该试着考虑是怎么“种”下这个情结的。也许就是因为朋友、家长的一句话而使孩子丧失了自信的。知道了原因，那么也就可以找到解开这种情结的方法。

无视孩子们身上存在的这种“敏感点”，强行按照家长的意志办事，对孩子来说，将会给他（她）造成很大的压力。

要想熟知孩子的个性类型，了解他（她）在哪些时候会比较敏感，还是需要我们仔细观察和认真思考的。在此之后，尊重这种反应，也是很重要的事情。

10 不一样的想法，不仅仅是有趣

——擦亮眼睛，就会发现孩子的爱好与才能

你可知道，自己的孩子有什么样的才能？为了让这种才能得到发挥，应该尽可能及早地发现这种才能。对于家长来说，孩子才能的萌芽是最值得关注的事情之一。

然而，所谓的才能，并不是简单地坐在那里，什么都不用做就能观察得到的。当然，从小就能让人感到具有某种特殊能力的孩子也是有的，但那毕竟是少数。

所以，家长首先应该关注孩子喜欢什么、对什么感兴趣。如果孩子喜欢做某件事，也许就会在这方面有才能的萌芽。平时家长要对这些方面多加留意。

观察的方法很简单，就是看孩子喜欢什么。不管是音乐还是绘画、体育、语言、算盘……我想，作为孩子，让他（她）

学习一些身边的东西就好。

如果孩子喜欢音乐，比如说钢琴，在学习的时候能够很开心，那就让他（她）持续学习一段时间。如果喜欢画画，画画时能对其他的话都充耳不闻、全神贯注，那么就可以送他到绘画班去学习。

即使不是学习，像喜欢读课外书、喜欢大自然这类的，只要孩子喜欢，就要让他（她）感到那是快乐的，并为此专门抽出时间来陪伴他（她）——这段时间对于孩子发现自己喜欢什么，应该是有所帮助的。

才能是个性的一部分

所谓“才能”，总是给人一种“某种特殊能力”的印象。但我认为没有才能的人是不存在的。因为我认为，“所谓才能就是个性的一部分”。

孩子的性格、类型，以及语言的使用方式、思考方式、交朋友的方式、游戏的方式……方方面面都隐藏着才能的嫩芽。所以，“才能”这个词，往宽泛里说，就是这个孩子“将属于他的个性充分发挥出来”吧。

平常看到、听到孩子的一些有趣的思考方法，或者和别人不太一样的想法的时候，家长不妨稍微地刺激一下，说“真有趣”、“真是奇思妙想”，于是孩子自己也会觉得自己有不一样的地方，从而建立起自信。

女儿 3 岁的时候发生过这样一件事。

她说："给我两块糖。"我回答："2 块不行。"我想说的意思是 2 块太多了，然而女儿却说："那给我 3 块吧。"

一般来说，被告知"2 块不行"之后，应该是考虑"1 块"。然而，女儿的想法却是"2 块不行的话那就 3 块吧"。给 3 块还不如给 2 块呢——我一边将 2 块糖交给她，一边想："被她给捉弄了！"

女儿是不是真的希望我给她 3 块，我并不清楚。但是，从那以后，女儿对父母提出什么要求的时候，好像就会注意说话方法了。

实际上，随着女儿的成长，有想要的东西或想干的事情的时候，因为我总是不假思索地就说"好吧"，所以她总是能从父母这里得到对她来说最高、最好的条件。

我曾经提议："找一个可以发挥你的交涉能力的工作，比如外交官或者律师怎么样？"还是小学低年级的女儿说："好，那就当外交官吧。"她马上就认可了。她还不知道要成为外交官有多么困难，就很天真地和别人说："我要成为外交官！"

然而，就是这样一次简单的对话，她就对"外交官"这个工作有了兴趣，在语言学上变得用功了，看新闻的时候也变得认真了。

11 直接的体验远比书本上的知识重要

——别因为知识性的东西忽略了感性教育

有句谚语叫作“百闻不如一见”。

旅行也是这样，不管怎么看旅行指南的书籍，和实际到那个地方所获得的感动，都是完全不同的概念。自己在实际生活中看到的，会变成自己的感性体验，这种感动，会在自己的头脑中和心中留下深刻的印记。知识也是很重要的，但如果能加上自己感性的体验，那将远远超过纯粹的知识学习所能获得的。而且，在对某事进行说明的时候，通过自身体验所表达的，才会有鲜活的说服力。所以，对于孩子来说，无论如何也应该尽早地让他们体验到真正的“压力”。

通过学习增加知识，再让他们接触实物、实际体验，他们就会不断地获得新鲜的信息。而且，孩子进入角色的速度是相当快的。所以，创造机会，让孩子们接触符合他们年龄、兴趣的实物，这是很重要的。

比如，如果小孩子们对动物表现出强烈的兴趣，那这时就不能光看电视、图鉴，应该带他们到动物园去看。平时也应该积极地和孩子一起参观博物馆、美术馆等地方。

也许有人认为自己的孩子还太小，即使看了也不明白。然而，这正是孩子可以自由运用人类的五感感知外界的时候。这些确实能刺激大脑，是提高感性和好奇心的契机。

这时，应该抱着孩子或者将孩子放在高处，给予他们和大人相同的视线，让他们学习。即使是同样的东西，视角不同，所见也是不同的。明白这一点，不仅仅是观察事物的时候，在考虑问题的时候，也是有用的。

以动物园为例，随便确定一个主题再去看，也是很有趣的。比如，今天就注意动物的尾巴，或者仔细看它们的颜色。你看它和谁相似？只是确定了一个小小的主题，就可以发挥和平常不一样的观察力。

通过大量创造这样的机会，就可以知道孩子的兴趣在什么地方。因为在这些地方，有释放孩子个性的机会。例如孩子对颜色表现出兴趣——为什么会这样呢？他很想马上知道原因，发现有趣的地方就很高兴等。在充分了解孩子对什么感兴趣的基础上，这就是一个很好的“点”。

锻炼孩子感性的课程

上小学的时候，应该让孩子们多多接触艺术。说起艺术鉴赏，门槛确实是很高，不过如果有机会，我认为，即便要花一点儿钱，也还是应该让他们接触一下。

看或者听一些优秀的艺术演出和讲演，可以培养他们的审美观——什么东西是美丽的，什么行为是应该尊重的；什么是真实的，什么是不真实的。应该锻炼孩子这种审美能力和感受性。这些将关系到个人的气质，最终将会影响到他（她）的生活方式。

我的这种思想的原点，源于自己小学生的时候，观看列宁格勒芭蕾舞团的演出、小泽征尔指挥的管弦乐公演、仲代达矢主演的莎士比亚的剧作。

那时第一次拿着入场券去观看戏剧，我所感受到的芭蕾的魅力、感染力，以及我对此产生的兴趣，一直持续到今天。小泽征尔先生毕业于我的母校，数年一度会在学校的大礼堂举行管弦乐公演。

那种悸动的回忆伴随着一流的演出，成了我对艺术产生兴趣的契机，确实影响了我对事物的感受方式甚至是生活方式。关于什么东西是美妙的、什么东西是美丽的，要想建立自己心中所持的审美和判断基准，真实的接触和自己的感觉是很重要的。

而自己的心中正好有这样高水平的基准，于我自己而言，也成为一种自信的来源。

12 大自然是一切灵感之源

——让孩子在敏感期体验真切的世界

见识真实，体验真实……真实的最高体现则是大自然。

在大自然中被清风拂过，嗅着绿色的青草，感受着摇曳的波涛，听着潺潺的流水，看着那些城市里不曾见过的野生动物在草地上打滚儿。

真正大自然的丰富多彩，我们到底知道多少呢？人类何以能在地球上生存？其实，所有的东西都是源于大自然的恩惠。但在当下的时代，不管是成人还是孩子，都已经远离了这种感觉。

我常想，说到接触自然，其实也是接触生命，也是接触宇宙。正是承受了自然的恩惠，我们才能生活下去。为了不使我们失去应有的谦虚，走进大自然是很重要的。我希望在这里融入自然的丰盛和美丽，并感受着对它的敬畏心情。

而且，所有生命的存在都是有着意义的，哪怕能稍微有所感受和体验……这对孩子来说，难道不是一种非常重要的学习吗？

女儿在小学四年级时，参加了学校的野营登山活动。期间有一项活动，是漆黑的夜晚在森林中步行。白天那美好雄壮的景色，在夜间变成了阴暗的恐怖。在漆黑的夜里女儿感到了本能的恐惧。女儿在体验这种恐惧的同时，说道："很小的声音也会使人变得非常敏感。"除了对黑暗的恐惧，黑暗中的动物的鸣叫声也让她难忘，至今仍会说起。

大约在相同的时段，还和朋友的家人一起进行了几次帐篷野营。我也是第一次真正地接触帐篷。夜晚，在漆黑的夜色中睡觉，即使是成人也会感到害怕。在寂静的夜色中，悸动的强风阵阵吹来，女儿紧靠在我的身边，一起品味着恐惧。

平常，在城市里昏暗的夜色中，几乎是感觉不到这种"恐惧"的。置身于自己感觉陌生和不能掌控的境地，才体会到人类绝不是万能和最伟大的。我们人类也是动物，也是自然的一部分。所以，应该创造机会去感受一番，是大自然的恩惠使我们能够生存下去。

从孩子的视角，和孩子一起观察

我小时候，一到春天就和母亲一起到家附近的水泽摘莲花。那里还长着水芹和笔头菜，摘回去之后，母亲就会用来给我拌凉菜。

有一个春天，我回忆起了这些。我也想让女儿看看我小时候与莲花和笔头菜一起生长的光景。

虽说愿望是美好的，但在东京无论如何也找不到莲花和笔头菜一同生长的地方。经过各种查询，终于找到一个开车要一个小时左右才能到的一个村庄。据说那里的山都保持着原样，有大片悠闲宁静的田园风光。我们到了那里一看，感觉眼前就好像铺了一层淡紫色的地毯似的，开了一片莲花。女儿兴奋极了，跳跃之后开始高兴地采摘莲花。

另一边，我蹲在地上寻找笔头菜，可是，连个影儿也没见着。我也不知道是这年头不好没长，还是都被别人摘光了？

虽然多少有些懊丧，但我相信一定会有的！这种天生的乐观个性支持着我继续寻找，终于在两米远处发现了第一棵笔头菜。

“找到了！”我忘情地叫了起来。然后和女儿两人对着这棵笔头菜，一直盯着看。我们没有采摘，因为我们希望能给后来的人留下一点乐趣。和孩子一起做这样的事情的意义，是因为家长也会跟着一起感动的。这需要家长也要蹲下来以孩子的视野来看，所看到的应该和平常的完全不一样——或许对于成人来说也是新发现。

正是因为大家住在都市里，才会注意尽可能多地寻找和自然接触的机会，才会感受到那些事物的特别，相信各自有着不同之处，但都凝聚着制作它的人的心。例如蔬菜，就凝聚着农家的人们“更天然的东西，吃了有益于健康”这样的心情，等等。我们聊了一会儿这样的话题，女儿忽然蹦出一句话来：

“种子上凝聚着造物者的心意呢。”

这难道就是自然教给她的宇宙的真相吗？孩子话语的透彻感以及沉重感，也会给家长的心灵带来特别的感动。女儿的这句话，成了我珍贵的财富。

13 “喜欢什么”和“想干什么”

——支持孩子的理想，但保持一定距离

如果问孩子“长大了想干什么”，不管是幼儿还是小学生，都会说出各种各样的职业。小学三四年级的孩子，就会因为喜欢棒球而想成为棒球选手，因为喜欢蛋糕而想成为糕点师，就这样，将“喜欢什么”和“想干什么”混为一谈的事例举不胜举。

在说到想干什么的时候，“我喜欢这个”难道不是最好的理由吗？我认为，在喜欢某种事物或者相关的范围内，应该就有这个孩子“才能的萌芽”。

所以，在孩子思考想干什么的时候，把他（她）是否能实现这个目标先放在一边，不管是什么，应先让他（她）看到家长积极响应的态度。

例如，孩子想成为糕点师，可以带他去品尝一下美味的糕点，一起试着做糕点，画出样子来，问他是不是想做这样的糕点。如果有儿童糕点教室，带他去试试也许是个不错的方法。

如果孩子有成为宇航员的梦想，可以看看和某位宇航员有关的书籍，在网上搜索一下如何才能学着成为一个宇航员。带他去看看天象仪，或者到游乐园乘坐那些让孩子们尖叫的刺激项目也是很好的。以这样的想法和游玩之心，家长也和孩子一起放松一下，不也挺好的么？家长如此愉悦，孩子会认为自己的梦想得到了支持，应该会更加开心的。而从这种安全感中，孩子会鼓起勇气去做任何事情的。

当然，孩子毕竟是孩子，也许一个月之后他又想干别的了。这也不错。每次都让他（她）尝试，让他（她）思考，然后让他（她）从中找出真正能干的事情做一下。

不管什么梦想，肯定都能够实现——我觉得家长至少应该做出“总是给予支持”的这样一种姿态。

只要存在向往，就会点燃行动的欲望

然而，当我们找到一个目标，身边有没有物质和他人的支持，有没有在实现目标过程中的状态和动力？

我要像一郎（日本著名棒球选手）那样，我要像石川辽（日本著名高尔夫选手）那样。有了这样的向往，孩子会一下子变得全神贯注起来。孩子在全神贯注地努力的时候，“要变得像 XXX 那样”的心情，就是他们的原动力。

为了要让自己朝着所向往的方向发展，怎么办才好呢？为了要变成像所向往的某人那样，该如何学习呢？

具体的、形象化的目标，会尽可能地鼓舞士气。鼓起了士气之后，孩子就会为了接近这个形象而开始某种努力。无论是提高他的动机，还是在脑海中浮现出已知各种信息所形成的形象，会很容易将自己投影到这个形象中。

但是，家长在帮孩子实现梦想时如果过于投入，就会有损孩子的想象力和行动力。所以应该稍微拉开一点儿距离，巧妙地支持他们，这是很重要的。

我小学六年级时，读了一位同声翻译，也就是现在日本立教大学教授鸟饲久美子先生的随笔，深受感动。从那时开始，她就成了我生活中的榜样。女性发挥自己的才能，很出色地工作……如今看来，也许这是理所当然的，可是在当时还是一件很新鲜的事情。读了那本书之后，我决定了，自己也要发挥才能出色地工作。这和我如今的工作也是有关联的。

所以对于女儿，我也希望她能遇见让她向往的大人。正好她在二年级开始学习英语，我想这是一个好机会。不只是在学习上，作为“前辈”我也希望能成为女儿向往的对象。

在老师所介绍的机构中，我提出要找一个志向高远的家教。

学习英语的意义虽然很重要，而在我的考虑中，是想通过让女儿接触一位“我也想变成那样”的女性，使女儿在考虑将来成为什么样的大人的时候，能够很容易涌现出一个形象。

实际上，指导女儿学习的家教是一位大学生。在学业上非常认真、努力是不用说的，除此之外，她还是支援亚洲、非洲等发展中国家的志愿者，是一位志向高远的女生。身边有一位让人憧憬的女性，影响力是很大的。女儿的学习，特别是英语学习，有意识地比以前更加努力了。我觉得这是一种好的且积极的影响。

向往和梦想随着孩子长大而改变。当然，一直不变的也有。随着年龄的增长，这个梦想是否适合自己？为了实现梦想而继续努力吗？孩子自己是会从各种现实去考虑的，也会出现其他想做的事情。

随着成长，不断修正错误方向和做法，找到自己的出路。但无论如何，孩提时代的憧憬、梦想，一定是这条道路的原点。

Chapter 3

被父母理解的孩子才更善良、更坚强

14 母亲的嘴就是用来和孩子说很多话的

——像和大人一样和孩子沟通

女儿在上幼儿园之前，上了蒙特梭利幼儿教室。主办这个教室的吉田美南子先生在她的著作中提到了我们母女。

其中有这样一段内容：

母亲（指我）总是和女儿说着各种各样的话题，所以女儿也和母亲说各种各样的话。通过对话可以刺激大脑，孩子虽然不一定明白话的意思，可也在听。母亲的嘴就是用来和孩子说很多很多话的。请多和孩子说话吧。

从女儿还在我肚子里的时候，我就经常对着肚子里的孩子说话。“我要去工作了，你先委屈会儿”“樱花真是漂亮”“今天真是热呢”“吹着风心情真好”，等等。看见的东西、感觉到的东西、心里想的东西，都可以变成语言传达给她。表面上看好像是我一个人在说话，可是我感觉到我的情绪是在和腹中的孩子进行交流。

另外，我们夫妇在女儿还不会说话的婴儿时候起，就像和大人说话似的，用日常的词语和她说话。而且要干什么的时候，也会向她说明理由。

“因为你把尿片尿湿了，现在给你换尿片。”

“今天天气不错，我们到稍微远一点儿的地方去散步，怎么样？”

就像这样，用普通的词语进行理性的对话。虽然不知道会对她产生怎样的影响，不过，在女儿开始会说话的时候起，说的话都很准确。而且还会像“……所以我要做XX”、“因为我要做XX，所以请把XX给我”这样加以说明，对于做什么的时候，也会为“为什么要做XX”而询问理由。父母在说什么、用什么方式说，都会直接输入到孩子的大脑中，而这些对孩子自身的语言使用会产生影响。

更进一步说，这种语言的使用，我觉得也会对孩子的思想、性格产生影响。女儿是那种无论干什么都要自己确认可行之后才行动的孩子，就如前述那样，是慎重类型的。或许是她这种理性的说话方式（也就是我们家长的说话方式）使她变成这样的，难道不是吗？我不由得这样想。

这样的想法并不是信口瞎说的。牢骚满腹、骂人脏话、暴虐的语言方式，否定式的思维方式……家长无意识使用的词汇，被孩子们逐渐吸收，进而，孩子自身也这样使用语言，而后思维、性格也受到影响，想想都感到可怕。

由于家长大量的话语输出，孩子的大脑受到刺激。好像有实验结果显示，即使是母亲喜怒哀乐的表情，也能够造成婴儿大脑内的血流量的变化。所以，通过语言刺激，可以对婴儿的大脑造成很大的刺激，这是不难想象的。只是现在要考虑的是用什么说话方式、说什么样的事情而已。

不管什么话，都能对大脑形成一定的刺激。否定的、带有激烈感情的话语，对孩子有很强的刺激。对于这种影响，应该慎重地对待，并且应尽量避免。这样就可以在家中和孩子之间形成良好的交流，通过这种交流，可以让孩子健康地成长起来。

对话可以培养孩子的交流能力

家长的说话方式、交流方式，无意识中就会被孩子所获得。这不仅是在家长和孩子说话的时候，在夫妻之间对话的时候、在父母和外人之间对话的时候也是如此。孩子一直在看着大人们，默默地学习着。

还有，对于孩子来说，家庭是最重要的场所，是最让他们感到安心的场所。所以，夫妻之间即便是一句简单的对话，也应该是温情脉脉的交流，这一点希望大家引起注意。

例如让别人做什么的时候，“请……”“谢谢”等，只是一句话，感觉就不一样。“把这个弄一下”、“嘿”、“交给你了”等，让人感觉很无情。最基本的说，即便只是一两句话的事儿，如果能够很和蔼地传达，孩子心灵中是能感觉到的。这不仅仅是对孩子，对夫妻关系也是有益的，不是吗？

有人会说，夫妻、家人之间的对话，不用那么客气，无需复杂的铺垫和客套。可是，正因为是最亲近的关系，家庭应该是最温暖的地方。也正因为是家庭，所以也更应该是温馨地传达爱意的地方。

对于孩子来说，家庭是最早、最直接学习交流方式的地方。看着父亲、母亲的说话交流方式，看着祖父母的交流方式，孩子会学习如何待人接物、会学习体贴和善良。家长的交流能力，对孩子的交流能力以及情绪，都会形成潜移默化的影响。

15 培养会自己思考的孩子

——要引导孩子有自己的意见

孩子会对大人提出各种各样的问题。

由于年龄的不同，问题的内容也会改变，从幼儿期到小学低年级，孩子几乎对所有的事情都会问“为什么”、“怎么了”。

我们家也不例外，女儿每天不知要问多少个“怎么了”。随着行动范围的扩大，好奇心也愈加强烈，就像口头禅似的总是问“怎么了”，有很多问题还真是不好回答。

虽然如此，还是要做好备忘录，家长如何回答孩子的各种问题，关系到孩子的思想和性格问题。所以，当孩子问“为什么”的时候，不管自己正在做什么，都应该耐心地按照顺序一一回答。

也许因为是孩子的视角吧，孩子的疑问有很多是很接近事物的本质的，让家长很难回答。所以，当孩子问“为什么”的时候，虽然觉得不可思议，但最好还是互相进行对话比较好。

我对于女儿的提问，最初并不回答；而是在沟通这个问题之前或是中间的时候，让她自己去思考。

“你觉得为什么会这样呢？”

“你是怎么想的？”

“你觉得会变成什么样？”

对于孩子感兴趣的“为什么”，家长这样问，孩子就会对此努力地思考。

例如大海为什么是蓝色的？解答这样的问题对于大人来说也是比较困难的。太阳光是由七种颜色组成的，当光照射到水中的时候，除了蓝色以外，其他的颜色都被海水吸收了，这样的结果要用能让孩子理解的话说出来，实在是太难了。

天空是折射蓝光变蓝的？还是本来就是蓝色的？孩子们会有各种各样的回答。对于孩子的想法，即便那是错误的，家长首先也应该表示接受：“原来如此，这样的想法听起来也不错。”在孩子发表自己意见的时候，如果家长一上来就否定，那么下次孩子就只会说“家长会认为正确”的意见了；而且还有可能变成：在别人说出正确答案之前自己保持沉默。

一直到上小学为止，家长和孩子的对话，对于提高孩子的好奇心是极其重要的。而我认为更重要的是培养孩子的一种信赖感，那就是“我可以和家长对话”、“我说的话他们会听”。

培养思考力的交流方法

有些对于大人来说是司空见惯的事情，对于孩子来说也是每天看见、听见的，但他们总会不断有新的发现。当孩子对某件事情表现出关心的时候，家长也应该对这种发现一起表现出好奇、喜悦、吃惊，而这正会成为引导孩子认识各种事物的契机。这时，用前面所说的“你觉得为什么会这样呢?”“如果是你，应怎么办?”这样的提问，就会产生效果。

对于同样的事物，因为看法不一样，结果就会截然不同。例如苹果，如果从侧面看，怎么看都是相同的苹果。如果从正上方看，感觉就是大圆中间有个小圆，中央有一个小点儿。如果从下往上看，又是完全不同的。更进一步，如果切开，由于看的角度不同，能看到完全不同的图形。

这些都是对日常事物的观察方法、思考方法，感觉上也可以说都是相同的。对于发生的事件，不只从一个角度，而是通过各个角度观察，这样看问题的方式就会辩证而富有弹性。即使在面对麻烦、不顺心的事情的时候，也会发现有利的一面，更可以帮助孩子拓展自身的世界。

要帮助孩子学习对事物的观察方法，电视新闻也可以是一个很好的素材。关于战乱、纷争等，要清楚地表达自己的意见，即使对于大人来说，也是一个很困难的问题。但这些却是引导孩子站在各种立场上思考问题的契机。

女儿上幼儿园大班的时候，全家一起看电视新闻——正在报道战争的新闻。也不知道她是不是明白了新闻的内容，女儿一直盯着电视画面，提出了这样的问题。

“现在，这个国家和那个国家为这样的理由打架（战争），可是怎么才能重新和好呢？”

也许有人觉得，即便和孩子说战争的话题，他们也不会明白。然而，家长不要因为孩子不懂而不说，而是应该将其变成孩子能懂的话来说，这是很重要的。这其实是给孩子一个思考的机会。

不理解什么是“总统”，那就换成“这个国家的头儿”，也许他（她）就明白了。如果不理解“国家”，那么换成幼儿园的“A 班和 B 班”就好了吧。

女儿也发表了她的意见——“如果把这个头儿抓起来就行了”，“那个先扔炸弹的班应该道歉”，等等。

更进一步，你觉得那个“头儿”是怎么想的？战争中的士兵呢？国民呢？这个国家的孩子们呢？就这样，让她变换着立场去思考、去发现问题。

这样的思考训练不必特别地设定时间，在平常的对话中，只要稍微有意识地下点功夫就行。平时，对这样的训练用点儿心思，日积月累，孩子不仅大脑会得到锻炼，想象力也会得到很大的提高。这种结果的确可以培养孩子的观察能力。家长和孩子的意见一起提出来的时候，也可以扩展孩子的思考范围。

而且，通过想象自己以外其他人的处境，还可以让她学会体谅别人的心情。如今，即使是成年人，不能跳出自己的视角、不能想象他人心情的人，也不在少数。

总之，不管对于事情持什么看法，能够清楚“自己是这样想的”，并可以用语言将其表达出来，对于将来是必要的能力。

所以，在教养过程中，要引导孩子有自己的意见，多问：“你是怎么想的？”积极地听取他（她）的意见。同时，营造一个可以互相自由交换意见的环境也是必要的。还有，家长经常保持一种质疑意识也很重要。质疑意识不是指对什么有不平、不满，而是自己有明确的意见或哲学观点。这样当孩子表达一些明显不当的意见或想法时，家长作为成年人能够表达自己的观点，这是很重要的。

在教育的范畴里，各种各样的广泛对话，自然是和孩子很好的交流。但其意义又不只这些——时过境迁，对于家长自己来说，那些对话也是一种美好的回忆。

16 孩子会比父母想象得更像大人

——既不要过分干涉，也不要放任自流

那是女儿上幼儿园时候的事情。我接到了同班小朋友家长的电话。由于刚进幼儿园，当时还不知道这是哪个孩子的家长。接到电话的那一刻，我立刻想："是不是女儿将那个孩子怎么样了?"我记得自己那一瞬间很紧张。

不过和预想相反，这是一通感谢的电话。那个小朋友前几天从单杠上掉下来受伤了，在眉毛旁边缝了两针。回到幼儿园后，女儿怕他摔跤，一直领着他的手。这位母亲很高兴，跟我说："让他们成为朋友吧。"我对这件事也很高兴。在家长不在眼前的时候，女儿有自己的主见，并将之付诸行动。这对于我来说，无论如何是一件新鲜的事情。

我打电话将这件事告诉了女儿。我告诉她，这是一件很好的事情，妈妈对你这样友好地对待小朋友感到很开心。女儿好像不明白我为什么这么表扬她，不过作为家长，对于女儿这样自发友好地对待小朋友，还是感慨颇深的。

孩子在家长不知道的地方悄然成长起来了

一直到小学低年级的时候，家长还能在某种程度上掌握孩子的思想和行动；不过，随着年级的增长，渐渐地，家长不知道的事情增加了。孩子在外边的时间变长了，他（她）在学校里的言谈举止，家长只能通过他（她）在家里的样子去想象。

虽然每天都看着孩子成长，但也许是家长们觉得心里没底吧，终于有很多父母忍不住给了孩子过度的担心和照顾。当然，在必要的场合给予必要的支持是很重要的。但这种必要的支持必须是适当的，并且也是随着成长的过程而变化着的。

什么都由家长提供支持，对于孩子来说可能会很舒服，然而，这也让孩子丧失了自己获得解决问题能力的机会。

孩子到学校这样的社会环境，不光是学习知识，还要学习建立人际关系等社会规则。为了在其中更好地学习、生活，他（她）就不能只考虑自己的事情，还要学会“站在对方的角度考虑事情也是非常必要的”。在学校里，通过体验各种各样的经历，弄明白之前不明白的事情、能够办到以前办不到的事情等，孩子在长大的同时，自己也能切实地感觉到自身的成长。

然而，作为家长，随着孩子在自己看不到的地方的活动范围扩大、时间延长，父母总是想事先提出一些忠告。而孩子则不以为然，他们试图靠自己的思考和判断将事情办好。我自己也是，虽然知道应该相信女儿，但还是经常会忍不住想说一两句。

前些日子有这样一件事。在和女儿的闲聊中说到了学校的朋友的话题。女儿好像是和哪个朋友闹了点儿别扭。

刚开始是一直听着女儿说——她一直都是在说闹别扭的事，最后我终于说出了结论性的忠告。

可是女儿却说："妈妈，你先不用管，让我想想。我会自己思考解决的。"

"你先不用管，让我想想。"听了这样的话，我觉得我说了多余的话。同时，自己意识到了女儿的成长。

如果是以前，女儿要么是接受我的忠告，要么是用"真烦"进行反击。而现在她却是在尊重对方的同时，说出"要自己思考"的话，这是一个很大的成长。

家长过多的帮助会影响孩子成长

孩子在该思考的时候就会尝试去思考。这种思考可能有些笨拙，但这也是他（她）自己根据自己的目标努力思考的结果。这个思考过程更是决定着孩子的成长步伐。

所以，只要不是什么危及生命的事情，或者是孩子不可能解决的事情，我觉得家长就没必要代替孩子做这样或那样的事情。过分干涉不仅会妨碍孩子自立，还容易伤害到孩子的自尊心。

自己能做的事情就应该自己做，这是一个基本的概念。相信他（她）能——即使稍微有点儿难度的事情，首先也要做出完全信任孩子的姿态，这一点很重要。如果能够办成，那么孩子就又成长了。我觉得，这将对孩子的生存能力有着深刻的意义。

随着让孩子自己思考事情、自己做各种决定，更加细心、敏感地关注孩子就变得重要了。

说话时的一些看似不经意的语言，关门的力度和方式，早上起来的面貌，从学校回来时的表情，干什么的时候好像很开心，干什么的时候好像很丧气……这些都值得注意。既不要过分干涉，也不要放任自流，保持注视的姿态是最好的。

17 “在学校怎么样?”

——随时准备听孩子说点什么

孩子从学校回来之后，我首先要问：“在学校怎么样？”每天如此。

基本上都是“很开心”或者“碰上烦心事儿了”这样的回答，不过我会进一步具体地问她：怎么很开心了？什么烦心事儿？还是和平常一样？

在前边写了孩子在家长看不见的地方成长，那么当然他(她）就会有不顺利的情况。在家长看不见的地方受伤了、遇到什么问题了，这样的事情也是有的。

有的孩子不愿意说不顺利的事情。怕家长生气、怕家长伤心——都是一些孩子眼里的理由。不过，也会有一些家长的关注不到位，让孩子感觉说出来用处也不大，不能解决自己的烦恼事。

不可能每天都是高兴的事儿，孩子在学校肯定会有某种焦虑。所以，要经常地问他（她）：“在学校怎么样？”这有助于缓解这种焦虑。

这样问了之后，当孩子开始叙说的时候，先不要用大人的思考方式做判断。这点很重要。

说到和小朋友打架的时候，孩子一般总会把自己说成是正当的一方。即便家长心里也认为如此，也请先不要下定论，然后：“嗯，遇上这样的事了，挺倒霉的。”用这类的话，和孩子产生共鸣。这种共鸣会使孩子安心，心中的紧张感就会得到缓解。

之后，家长再进一步询问：

“为什么会发生这种事情呢？”

“当时 XXX 是怎么做的？”

请这样来询问到底发生了什么事。孩子在感情冲动的时候，只会想到自己的事情。所以，尽量不要着急，要等孩子自己来叙述。

孩子叙述时他（她）自己就会注意到一些事情。有时，尽管他（她）嘴上不说，但是心里已经明白，在某些地方，他（她）已经感到是自己不对了。

当然，也许不是所有的事情都得这样让孩子讲述一遍。但也应该尽量用能让孩子反思的方式来谈话，这很重要。孩子也在每天变化着，肯定会经历、体验各种心境——受伤或是伤了别人、高兴或是生气，等等。始终贴近孩子的心灵，表现出你始终在关注着他（她），这样就会给孩子安全感和精神寄托。

作为家长，就是要在各种事情上忍耐。不过，如果能意识到自己同时也是在学习，那么我觉得这也是一段充实的生活片断。

平常就注意和孩子一起度过欢乐时光

在和孩子聊学校发生的事情的时候，还有一个小窍门。

那就是先听有趣儿的事情。当然，孩子在班里有什么样的朋友，对这些孩子的名字、长相以及性格，都要适当把握。

谁干了一件什么事情，谁说了这样一段有趣的话……这样听的时候更容易产生共鸣。然后，如果是有趣的事情，则一起哈哈大笑；如果碰到让人生气的事情，则可以适当表示态度：“怎么可以这样呢？真是不像话。”

要让孩子感到自己和父母是一体的。这样，孩子就会和家长说各种各样的事情。在谈话的内容中，也许有些事情就必须要引起家长重视。然而，这种重视最好是在和孩子一起高兴、一起生气之后。因为在孩子情绪稳定后，应该是可以听得进家长的话的。当然，孩子有错误的时候，必须严肃地指正。家长什么话都要听进去，但并不是什么都要原谅。

希望家长能够明白，“如果能让家长笑、能让家长开心，孩子们是很高兴的”。最关键的是，自己高兴的事情能让家长也高兴，这才是重要的。如果家长将自己希望孩子幸福的愿望准确无误地传达给孩子，孩子就会产生这样的想法：自己的幸福可以使所有人幸福，所以，自己要重视自己、要幸福地生活、要重视朋友……

然而，一定要避免孩子为了让家长高兴而做一些勉强的事情。家长自然要在高兴的同时，注意到孩子自己的表现或感受。

有些孩子是非常不爱说话的。就像前边说过的，他们对于自己不喜欢的事物、自己不喜欢的朋友等，也不想让家长知道，而是掩盖自己的感受，像一切正常的关系一样对待。但这些过程，他们是在自己无意识的过程中完成的。我们应该鼓励孩子觉察自己的感受。当然，觉察自己，是人生中重要的事情之一，但并不是那么容易就能做到的。因为这其中，有些人讨厌自己或者觉得自己太弱小。况且即使对于成年人，这也并不是很容易的事情。

让我们说一些天真的话，使孩子感到轻松，营造一个“我们随时准备听你说什么”的气氛吧。然后看准时机问孩子“发生什么事了”。在营造好这种气氛之后，以此为契机和孩子对话，孩子会感到安心，对话也会很顺利。

“我们始终在关注着你的事情”，家长给孩子这样一种印象是很重要的。

18 巧用“幽默”消除不开心

——让幽默成为孩子渡过难关的精神拐杖

上智大学的名誉教授、哲学博士阿尔冯斯·戴肯先生提出，幽默的本质是爱和同情心。而且，他还说，“所谓幽默就是‘无关紧要的’笑话。”

也就是说，不管是悲伤还是生气的时候，如果来点小小的幽默，让孩子“扑哧”一声笑出来……这的确可以成为化解悲伤或者愤怒的契机。

我自己也是如此，不知是与生俱来的性格呢，还是因为所受教育和成长环境造成的，不管遇到如何艰辛的状况，总会发现一些让人不经意间就笑出来的事情，由此转变心情。而且，迄今为止，我的这种性格，不知挽救自己多少次了。

不管是遇到痛苦还是困难，发现身处其间的人类的滑稽相都是可笑的。我认为正是因为有这种幽默精神，才使人活得更容易一些。

我丈夫对于幽默也持有相同的观点，这对于双方来说，也是很重要的。所以，当女儿还在肚子里的时候，我就向上苍祈祷着：“让她成为一个有幽默感的孩子吧。”

这样的祈祷也许很少见。因为希望孩子能够健康地生下来，才应该是最主要的祈祷。然而，对于幽默感的祈祷也是不亚于健康的。幽默不仅是自己改变心情的利器，也能让周围的人感到快乐。

实际上，我觉得幽默比其他的秉性气质等更能影响环境。所以，即便幽默这种特质可以生下来之后再引导，当时我也还是认真地这样祈祷了。就像前边说的，如果有幽默感，人会生活得更容易。但有时候我也觉得，即便是单纯地有幽默感，也是非常有意义的，至少，孩子自己也是快乐的。

上小学之后，孩子因为伙伴关系而烦恼的事情也会变得多起来。和朋友观点不一致、被朋友无视……这样的事情经常会发生，作为家长确实会感到心痛。但如果仅仅是如此，家长和孩子就有可能会一起陷入一种沉重当中。这时，如果家长和孩子之间能够说一点儿幽默的话题，不仅不会陷入没必要的沉重之中，还能让孩子鼓起面对问题的勇气。

当孩子在学校因为伙伴关系而烦恼的时候，当然要根据事情发生的程度来解决。有时我会存心用一种“粗暴”的方式说：“这么点儿小事，就跟个鼻嘎巴儿似的。”

虽然知道她会生气，可我还是特意这样说，不过这样的话出自妈妈之口，还是让她吃惊。后来我连着说了几次“鼻嘎巴儿”，孩子也就认为朋友之间观点不一致实在是“鼻嘎巴儿”似的小事儿，完全可以置之不理的。

好了，我也不知道以上说的是不是幽默。丈夫在旁边听着我们的交谈，一边皱着眉头摆出一副“这是在教育孩子吗？”的表情，一边说了一句更俗气的话，逗得女儿放声大笑。

家长要创造更多和孩子一起欢笑的机会

就这样通过欢笑消除紧张之后，慢慢地和孩子交谈时，孩子也可以用冷静的情绪来面对当时的状况了。为了能够用欢笑来跨越烦恼，平常就要重视和孩子一起欢笑——尽可能不要用那些低俗的笑话，而是一些妙趣横生的笑话……

女儿到了小学高年级，有一个时期，她在看电视或者干什么的时候，对于家长的呼唤，即使听到了也还像没听见，不予回应。当然，我也会变得急躁起来，不过发怒肯定是解决不了问题的。

这时，我会变换着各种声音叫她，或者一边扭动着身体一边叫女儿的名字，直到她答应为止。在女儿说话的时候，我能感到所谓的“讨厌”的感觉。可是有时，反过来，她又会觉得滑稽，不觉间就笑起来。这时，她就会觉得：“自己不听话是很不对的吧？”这样一来，就化解了本来有点儿僵硬的情绪，又回到平常的氛围中来。

而且，有幽默感的家庭成员，彼此间也能够更快乐地交流。

当一家人开车出去旅行遇到堵车时，女儿说她要模仿笑星藤原浩（Hiroshi），自己来表演藤原浩那种自虐的素材。

女儿模仿藤原浩的口吻说：“妈妈、妈妈，她在宣布要减肥的当天就吃了一整份金枪鱼盖饭。噢，妈妈……”虽然要花费心思去想出各种素材，不过表现出各种各样的滑稽场面也确实很有趣儿。虽然车被堵在路上很容易令人产生焦躁的情绪，不过，有了这种幽默之后，堵车时间就变成一段快乐的时光了。

虽然说是笑话，但并不是让对方难堪的笑话。所以如果没有对对方的爱，这种幽默是不成立的。

即使遇到困难的事情也还是能够笑出来——这对成长过程中的孩子而言是渡过难关的精神拐杖。即便成年之后，这也会成为他（她）跨越各种困难的支点。

从某种意义上来说，家人的幽默之心，是一个很重要的事情，既可以给家庭带来气氛上的和谐，也能使孩子获得超越任何困难的力量。

19 伤害他人，必将收获伤害

——在言谈中发现欺负人的苗头时决不放过

孩子加入集体生活之后，家长就会为孩子的人际关系伤脑筋：他（她）交了什么样的朋友？能够和朋友很好地相处吗？会不会和朋友产生分歧？这样的担心，就像曾经被众人称为“公园新人”的现象那样，当然此事也可能还关系着家长对自己的人际关系的不安。

每次新学期开始，看着女儿高兴地喊着“我又有新朋友了”时，我也跟着长长地松一口气。说起来，孩子在幼儿园、学校过得快乐，对家长来说是多么幸运的事。

然而，遗憾的是，一旦孩子结成团体后，孩子之间发生分歧、某个孩子成为被欺负的对象等，这种事情肯定是会发生的。尽管从小学低年级到高年级，再升入中学，形式在不断变化，然而这种事情却是不会断绝的。特别是女生，随着年级的上升，会形成很明确的小团体，在嫉妒等情感的作用下，产生露骨的欺负人的行为。

被欺负或者没有朋友，会是什么样子呢？

一直到小学低年级为止，稍微的一点失败，或许某一句话，都可能成为朋友之间分手的理由。

到了小学三四年级，朋友间分手大多是因为嫉妒心。比如某个孩子有了自己没有的东西，某个孩子威胁到了自己的地位，等等。

到了高年级，班级中就会形成小团体：强势的团体、我行我素的团体、成绩好的团体等，也有的孩子什么团体都不参加。以前疏远朋友的孩子如今被朋友疏远，也是有的。

原本，欺负人、朋友分歧等，是应该由学校和家长双方合作解决的。然而，很遗憾的是，这种学生之间的不和，很难引起老师和家长的注意，却是事实。即使被欺负的孩子的家长找到老师，多数老师也只是让欺负人的孩子道个歉，他们之间的矛盾并没有真正解决，难道不是吗？

小学阶段不管是欺负人的，还是被欺负的，孩子自身也有问题。那么，为什么欺负人是错误的？如果不让他（她）明白这个道理，他（她）还是会有欺负别人的想法。

家长要相信自己的孩子，这点很重要

要有“我的孩子绝不会……”的口头禅。相信孩子是很重要的，这种信赖感可以最大限度地发挥孩子的潜能。没有比不被家长信任的孩子更可怜的了。但问题是：如何相信？

就像我在第一章中所说的那样，很多家长爱孩子，却不知道孩子的心里在想什么。知道孩子想什么，这难道不是身为家长的责任吗？对孩子有爱那是不用说的，可是，光有这种爱还不够，用客观的眼睛观察孩子也是必要的。

如果自己的孩子欺负人了，在得知这件事的时候，家长的反应会是怎样的呢？孩子欺负别人的时候，有的家长感到自己也很心痛，不知如何是好，而且很烦恼。

然而另一方面，很多家长不会怀疑自己的孩子。认为：“我家的孩子不会……”即使学校的老师介入，如果家长根本不接受这种事实，还是不能解决任何问题。当然，这不包括那些特别严重的事件，请大家明白这一点。

为什么会欺负人呢？是什么原因使孩子付诸行动呢？

“我家的孩子不会干这种事情的。”家长这种信任的心情是可以理解的。然而，如果自己的孩子确实欺负了谁，那么，只有客观地认识事件、将孩子心中的晦暗变成阳光才行，否则是解决不了问题的。欺负人的孩子，不仅给对方造成伤害，对自己也会造成伤害。我认为，对于这种事情，家长有必要进行多方位的思考。

“为什么要欺负人？”如果仅仅是一副发怒的架势，即使询问孩子，孩子可能也不会说出真话。有时，孩子可能自己也并不知道理由。

孩子之间有分歧、口角之类，在女孩子之间是很容易发生的事情。多数是以这样的一些心理因素为导火索：嫉妒心、有人总想当头儿、对于可能威胁到自己的人或事有危机感，还有在沉默寡言和体弱的孩子面前的优越感等。

平时，家长应该经常和孩子谈心，如学校的情况、朋友的情况，这样才能仔细关注孩子的性格，才有可能发现欺负人的苗头。对于这一点，就我自己来说，会更加深刻地关注。

在言谈中，一旦发现孩子有欺负人的苗头，决不放过。而且家长要以很严厉的态度告诉他（她）：欺负人是很不好的行为。这点很重要。

还有一点，就是要告诉他（她）：你自己怎样对待别人，终有一天别人也会用同样的方式对待你。

“自己埋下的种子，肯定要自己收割。”

如果你欺负朋友，总有一天，你会遇到比被欺负更加困难的境遇。世界就是这样公平的。家长如果没有深切地理解这一点，不管说什么也不会有很强的说服力。这对家长是一个重大的考验。

我曾听说有一位母亲，在得知孩子欺负朋友之后，将孩子所喜爱的课外活动全部停止了。这位母亲是要直面孩子的心灵。这是她为了彻底地教导孩子，让他知道自己行为的严重性和错误程度的具体方法。

女儿在低年级时，有一次为了一点儿小纠纷，哭着回来了。后来，我收到了对方母亲写的一封道歉信。字迹工整的信纸上，传达了她的歉意。

如果自家孩子和朋友闹意见、暗中欺负别人的事让我知道了，我一辈子都不会到学校去了——我打算这样告诉孩子。

而且，如果自家孩子给她的朋友造成了深刻的伤害，我觉得作为家长，应该诚心诚意地道歉。这是家长的责任。也有一种看法是："被欺负的孩子也有过错。"但这是那个孩子和他（她）的家长之间应谈的问题。

孩子是看着家长的样子，学着长大的。干了坏事儿之后该怎么办呢？为了表示郑重的道歉，要郑重其事，家长应该抛开面子，坦诚地认错，解决好善后问题。

看着家长道歉的样子，孩子会有什么感觉？自己的事情给家长造成困惑、自己干的事情很严重；而后，希望他（她）能体会到，欺负人是一件很可耻的事情……我从心里是这样想的。

20 让被欺负的孩子获得支持，不丧失自信

——别让父母的不安情绪影响孩子的情绪

如果自己的孩子被欺负了，首先家长就会想：为什么我的孩子会被欺负？被谁欺负了？因为什么被欺负？从什么时候开始变得这样的？……各种各样的思绪交错而来，夜不能寐。家长对孩子的事情比对自己的事情还要上心。

孩子被小朋友孤立了或者欺负了，家长都很难心情平静地对待，孩子和家长都很受伤。然而，如果家长不能消除自己的不安，凭着感情去行事，事态是不会向着好的方向发展的。

特别是小学低年级时，孩子之间的问题，很容易发展成家长之间的矛盾。

女儿上幼儿园的时候，有一个孩子（A）被另一个孩子（B）欺负了。虽然这个班里的其他孩子并没有欺负 A，可是，也许是受到被 B 欺负的影响，A 连和其他小朋友一起做的游戏都不

积极参加了。

A的母亲注意到这点之后，就在和自己一起活动的母亲们之间散布B母女的流言蜚语。同时，也向幼儿园老师提出女儿被欺负的事情，希望得到解决。

B的母亲反过来认为，由于A的母亲的行动，对自己的孩子造成了困扰，自己一方才是受害者。直到幼儿园毕业，这点小摩擦还在持续着。可见，家长如果感情用事，不仅无法教导孩子分清善恶，而且也会使孩子们之间丧失重新和好的机会。

家长的毅然态度可以帮助孩子

上小学的时候，小朋友之间分手的很多。

从孩子的角度来看，他们不理解为什么自己与朋友会分手，很是伤心：自己是不是做错了什么？为什么其他的朋友也不理自己了？有些孩子会因此而颓丧。

所以，如果自己的孩子因为与朋友分手而伤心，父母首先要和他的这种悲伤形成共鸣。另外，家长对孩子进行开导也是很重要的。例如，让他以行动对和自己分手的朋友表示："我没有把你当成敌人。"家长的这种支持的态度，能够使孩子获得勇气。

如果这样做了之后，朋友的态度还是没有改变，那就离开好了。

如果家长表现得很不安，那么孩子在跟朋友分手的事情上就会承受更大的压力。而且，如果家长对孩子表现出超过必要的保护，会进一步强化孩子的被害者意识，即使对日常发生的琐事也变得敏感起来，会想到是不是别人在欺负自己。这种可能性也是有的。

被欺负、被朋友甩了的时候，最可怕的是丧失自信。所以，在家长的支持下，使孩子不丧失自信是很重要的。家长如果乱了阵脚，孩子就会不知如何是好。这时应该告诉孩子：采取毅然决然的态度面对问题，就是在保护自己。

同时，孩子有时不能判断事情的严重性，所以有些事不要让孩子自己解决也是很重要的。对于那种“想要让对方消失”的逼迫性的欺负，应对的方法与上文我所说的是不一样的。如果是这种情形，家长有必要立刻找学校、专家进行商谈。对于事件进行仔细的观察，这是家长的重要职责。

21 打架可以给孩子一个多角度思考问题的机会

——回顾自己做过的事情，有勇气审视自己

回顾自己的孩提时代，打架、闹别扭，好像是家常便饭一样。从打架、闹别扭当中也能学到很多东西：提出自己的主张、认识自己的错误、真诚地道歉、心情愉悦地去原谅等。还有大家如何关系融洽地游戏的方法、规则等，也都是在打架中学会的。

如今，好像更普遍的是“让我们不要打架，关系和睦地玩儿吧”的说法。然而，关系融洽虽然是重要的，可“不要打架”这种说法是不对的。说起来，孩子们聚集的场所，如果不出现一两起打架、争吵，那才是不可思议的。

话虽如此，和以前相比，现在孩子之间的打架的确减少了，这也是事实。

或者也包括我在内……最近，家长们好像对小孩子打架，有一种极端厌恶的倾向。安安稳稳、无风无浪……这是否是和平主义还很难说，不过，这有完全压制孩子打架、争吵的倾向。还有一种解决方法，那就是：虽然我有错处，不过要是追根究底的话你也有错，所以就这样算了，不好吗？时常也见到这样干脆利落解决的方法。

但也有家长是这样教育孩子的，那就是："弄清楚谁是谁非之前，绝对不要先道歉。"我想，这样是无法让孩子交到知心朋友的。

这是给自己的孩子制造了打架的机会。如果仔细倾听孩子的述说，晓得了对方的孩子也有错处，这时有的家长就会对孩子说："那么就不用道歉了。"他们好像认为一旦道歉，自己就将处于一种不利的地位。家长如此考虑，孩子则不仅限于打架，在其他事情上也会躲避道歉。即使长大成人后，也会变得只盯着对方的短处，并以此为盾牌来证明只有自己的主张是正确的。

学会道歉，是非常重要的。因为这是回顾自己做过的事情、有勇气审视自己的表现。这将是我们得以坚强生活下去的强大力量。相对于做坏事，做了之后不道歉则更糟。

"各打五十大板"，是一句很有道理的话。虽然有时可以完全压制事态，但还是要分清好坏和主次。一旦打起架来，双方肯定是都有错误，只是比重可能有所不同而已。

出手打人固然是不对的。然而，会不会是自己说了什么极端的话，使对方产生了出手的冲动？自己是受到了伤害不假，但是不是也给对方造成了伤害？……这样从双方的立场考虑，打架就会给孩子一个多角度思考问题的机会。

如果自己改变了，对手也会变

从幼儿园到小学这个阶段，孩子之间难免会有些琐碎的吵架、纷争。每当有跟对方孩子的母亲见面的机会，我总是先道歉。当然，也会区分是什么样的打架情况。

“之前好像是给您添麻烦了呢，真是对不起。”

“也给您添麻烦了……”

因为是“各打五十大板”，所以很多时候，是没有必要细究谁先怎么样的。

上述这便是最多见的情形了。可见，家长非常重视孩子的人际关系。当然，有时情况也有例外，也有家长不想和对方孩子的家长见面。而且，其中可能也有没打算跟人道歉的。

不过，至少我目前遇见的多数情况，当我先道歉之后，原本没有要道歉意思的家长也会客气地回答：“没关系的，其实我们也有错……”这样彼此都如释重负。

自己得先有这种真挚的态度，是否能得到对方的回应是没关系的。关键是自己，自己如何正确对待才是主要的。

但是，对于家长先去给对方道歉这件事，孩子也许是不愿意的。所以，在去道歉之前应该先找时间和孩子谈谈。要让他（她）明白，这是双方都有错误的事情，而且道歉之后，会使你的心情变得舒畅。

不过，虽然希望对方家长的态度如自己想象般转变，但人家也未必是那么简单就能转变的。首先自己先转变，对方才有转变的可能。要告诉孩子，这是在所有人际关系中共通的法则。这点非常重要。

22 不要因为自己过度的期待让孩子拼命地努力

——过于追求完美的母亲是可怕的

在一次妈妈们的聚会上，大家就教育孩子过程中的一些烦恼、忙乱闲聊。这次聚会，成员主要是小学低年级学生的母亲。多数的母亲都在说孩子给自己带来的烦恼。

比如早上起床慢、不督促就不学习，等等，好像每个家庭都在抱怨这样的问题。原来不只是自己家里这样，其他的孩子也这样——讨论之后，妈妈们就有了一种微妙的安全感。

然而，在这个会上，也有两位母亲信誓旦旦地说：

“我女儿是很完美的。”

“我儿子没有任何问题。”

两位母亲所说的是：我家孩子什么都自己干，学习也很好，朋友关系也没有任何问题……大概是这样。

当时正在对孩子的事情发着牢骚的母亲们，包括我在内，都被这话惊呆了，那种脸色真是有点儿滑稽。完美的孩子那得是什么样的呢？我一时陷入了沉思。

另外，有这样一位母亲的孩子会是什么样的心情呢？我有点儿担心起来。说起来，小学低年级的学生，不可能将日常所有的事情都完美地完成，而且，让孩子按照家长的想法做到完美的程度，究竟是好还是不好呢？

一口咬定自己的孩子是完美的，这样的家长平常自己也应该是完美的吧？正因为这样，所以在面对孩子的时候，也要求孩子做到完美。这个孩子可能也是为了对家长的期待做出回应而拼命地努力。实际上，有一个追求完美的家长，孩子多数都是非常努力的。然而，如果做不到，孩子心中就会产生挫败感。如果是为了实现自己的想法而努力，这种挫败感也是一种好的体验；但如果是为了回应家长的期待而努力，一旦受挫，孩子就会没有干劲儿，那种认真干事儿的劲头也会被削弱。

不管是家长还是孩子，不要过于追求完美才是最好的。况且，从孩子的角度看，家长——特别是母亲——还是有点儿“叹息”才正好。母亲如果是自然的人，孩子也就会是自然的人。

不管如何期待，人类也不可能是完美的。母亲偶尔在什么地方疏忽了，或者弄错了，对孩子的事情感慨下，也许在别人看来，“真是没办法”，有些灰心。但是，我觉得这才是母亲应有的形象吧。

被家长委托，会产生行动的意欲

吸收新的知识、技能，将其化为己有，这方面成人是不如孩子的。例如电脑、手机、录像机等，孩子很快就会使用，比家长还熟练。

我们家也是这样，新的手机设定等，都让孩子去做。

也许会被孩子得意地讽刺一句说："妈妈，你连这都不会?"这也没什么。我会说一句："是啊，就拜托你了。"而且在事后详细听取孩子的说明。孩子肯定会用几分夸耀的口气来加以说明的。有时即使我知道了，也会故意提出一些疑问，让孩子有种荣耀感。被家长委托去做什么，孩子会感到自己对家长是有用的，这就会使孩子产生自豪感。这样一来，不管对什么事情，他们都会表现出极高的欲望。

母亲和女儿有时像朋友，有时甚至像竞争对手。特别是到了青春期，女儿那种想要超过母亲的欲望变得强烈起来。这是青春期自立的开始。当我的女儿个子超过我的时候，她就好像有一种说不出来的成就感。而就我来说，则有一种"好啊，快快长吧"的心态。然而，我却经常适当地表现出竞争之意，在女儿面前一闪而过，于是女儿好像便会生出一股干劲儿来。

随着年龄增长，男孩子就变得不那么乖乖听母亲的话了。另外，也会觉得自己的力量变得强大，可以帮助母亲了吧。例如搬重物，作为男人，要保护女性的儒雅一面也会慢慢表现出来。

甚至，随着孩子的成长，面对家长的时候，孩子也会时时表现出批评的眼光。虽然小时候觉得“妈妈什么都会，真棒”，但是随着自己会的事情越来越多，孩子们就会发现母亲的破绽。家长言行中的矛盾也会被注意。即使是小事，家长也要加以注意，不要让自己昨天说的和今天说的话发生矛盾。

家长的思考和态度要经常地保持一致。而且，要为孩子打造一种安全的环境，让孩子感觉到：一直到永远，家长是绝对可以依赖的，一直会守护着我。在这种信赖感的基础上，家长偶尔表现出的对孩子的那种真实无奈，在亲子关系中将会是一种很好的润滑剂。

Chapter 4

家长的一句话，会使孩子心中充满干劲儿

23 别让孩子仅仅为了得到表扬而去做一件事情

——认可孩子的努力过程，不要只表扬结果

最近，社会上流行一种论调，提倡表扬式的教育，不主张训斥孩子，所以，表扬式的育儿观点在书籍上成了主流。

不过，对于家长表扬孩子，有些方面也是应该注意的。孩子被家长表扬会感到非常高兴，因为被家长爱护、被家长喜欢，是孩子的基本情绪。

小时候这种情绪是很单纯的，例如：会翻跟斗受到表扬，会很高兴；在帮忙收拾房间时受到表扬也很高兴，下次还会帮忙。然而，事情如果过于刻意就未必是好事，比如孩子会根据干什么而期望受到怎样的表扬，或者为了得到家长的表扬而有意去干什么……换句话说，孩子会通过受表扬这件事来确定自己的存在价值，这种状况是普遍存在的。

家庭生活中，家长按照自己的标准表扬或不表扬孩子，而孩子则会因为没有得到表扬而感到焦虑。那么在此之后，在孩子的心目中，相对于自己想怎么干，他们会更倾向于按照能得到表扬的方式去做一件事情。长此以往，做事的原则就会变得混乱。所以，在表扬孩子的时候，怎么表扬、表扬到什么程度，还有表扬的时机，这些都是值得探讨的。

对孩子来说，应该得到表扬的时候却没有得到表扬，是件悲伤的事情。即使努力的结果不是家长所想的那样，对于这种努力，家长也应该给予肯定。对于孩子努力办一件事、努力想要办成的一件事，家长如果表现得漠不关心，就有可能使孩子心中产生一种“即便努力也没用”的想法。所以，如果孩子比平时更努力地完成一件事，如果孩子是出于同情心而办了一件事，父母一定要有意识地进行肯定。那么孩子就会感觉到自己的努力得到了理解、承认，自己的同情心获得了接受与肯定。

另外，孩子是很敏感的，所以，他们能够分辨出家长的表扬。家长在面对孩子的时候，如果能在某些时候采取中立的态度，会使孩子的心灵获得安宁。虽然当时的态度并非一定是最高的肯定，但评价标准的客观性会让孩子明白：自己以前受到的评价是中肯的，以后自己还有着被正确评价的机会。

还有，经常听到有人说：“我家的孩子没有一点儿优点。”我认为，这样的人，一定要有意识地去寻找孩子值得表扬的地方。值得表扬的事情就等于是好的事情，只要父母肯找，肯定能找得到。例如在运动会上赛跑，即使没有获得第一，孩子顽强拼搏的精神也值得表扬。正因为我们是家长，才更应该去努力发现孩子值得表扬的地方。家长的一句“你跑得很努力，真不错”，就有可能令孩子生出“下次我要跑得更快”的愿望。

培养拼搏精神的表扬方法

面对大大小小的考试，或者一些技能考核的汇报演出，孩子有时候需要付出比平时更多的努力。孩子是否能够克服各种困难，是否能够坚持继续努力，并且内心知道这样做的重要性，有赖于父母平时的激励方式。

在我们家中，女儿考试获得好成绩的时候，努力的过程也是要一起表扬的。因为我要让女儿明白，值得表扬的不仅是成绩，那些为了取得这些成绩而付出的努力才是更值得表扬的。有芭蕾演出时也是这样，不仅表扬她跳得好，还要尽可能具体地向她传达什么才是重要的。例如：“你通过舞蹈传达了你的心境”、“通过每一个动作表现了自身”、“练习虽然很辛苦，不过你很努力”，等等。

通过不断地表扬，可以培养出一种心境，那就是今后不管是建立新的目标，还是受到挫折，孩子都不会放弃而是继续努力。这种激励对孩子来说，是一种重要的支持，能让孩子带着自信踏上人生旅途。

24 高明的训斥方法，是让孩子自己思考

——不是要让孩子去感受家长的愤怒，
而是要让孩子明白事情的道理

经常听到有人说：“不要对孩子发怒。”其实那不是发怒，确切地说应该是训斥。

放任自己的感情而“发怒”，孩子将会受到双重的冲击。一个是自己做事失败的挫败感，或因做错事而恼怒；另一个就是还要直接承受家长愤怒的感情。

孩子的安全感，是因为“这个世界是能让人放心的”、“我是被这个世界所接受的”、“我是被爱着的”这些考量而产生的。当面对来自家长的愤怒情绪时，这种安全感就会产生动摇。

当然，应该让孩子知道，他做了错事的时候会被训斥，然而，家长们陷入感情冲动时，经常无法准确地向孩子传达这种真意。在他（她）明白什么地方做错了之前，首先感受到的是

家长情绪上的愤怒。这样既达不到训斥的目的，又使家长无法做到“无条件接纳孩子”。

在训斥孩子时，先整理一下“孩子在这件事上为什么是错的”是很有必要的。“你这样做，对方的心情会怎样？”、“你觉得怎样做才是好的？”……像这样引导孩子来回答的问话方式，是很好的一种方法。

这时应该注意的是，不要用质问的口吻，不要用谴责孩子的方式，而是要用引导孩子思考“怎么做才好”的问话方式。这样才可以使孩子反省。

而做事失败时，则要让孩子思考“如何做才能不失败”。如果家长能做出和孩子一起思考的姿态，他（她）会更好。即使在训斥孩子的时候，家长也要有一种很关心他（她）的姿态。

有时，孩子也会说出自己的内心感受，通过对话，家长也可以读懂孩子的复杂心情。这时，用“是啊，挺后悔的吧？”、“那时，你也很生气吧？”等言语回答孩子，就可以使孩子的情绪稳定下来，继续向家长倾诉。

被关爱、被接受，这样会使孩子变得强大。我们作为家长，时时刻刻都要一边警醒自己进入良性的状态，一边和孩子密切接触。

要倾听孩子的意见

很多家长训斥孩子时，都是很亢奋的。

当然，根据内容的不同，训斥的方式也是不一样的。不好好学习被训斥，说谎被训斥，欺负同学被训斥……这些事情的轻重程度是不一样的。

最近有这样一种说法：能够恰当地训斥孩子的家长、能够分析孩子错误的家长，越来越少了。也许是因为多数家长本身就没有过被正确训斥的经历吧。还有，在因为某件事情训斥孩子的时候，很多家长根本没弄清事情的原委，如：到底是谁不好、是谁先动手的……在训斥的时候，家长可能根本就没有考虑到这些细节。当然还有别的情况，比如有人会觉得自己的孩子没错，也有人根本无法应对孩子的反驳。

在训斥孩子的时候，家长最需要避讳的就是感情冲动的话语。

“这样的事情说了那么多遍，你怎么还是不明白呢？”

“同样的事情，要说多少遍你才能懂？”

“别的孩子都行，为什么你不行？”

“真是个笨蛋！”

家长这样对孩子说话，孩子会产生自己被全盘否定的感觉，很可能就此丧失自信；也有可能会产生“自己怎么都是不行的”这种自卑的情绪。如果听见孩子说出“反正是我不好”、“什么都是我的错”这样的话时，家长就要注意最近自己是否说错了什么。我觉得这样的反思是有必要的。

与此同时需要注意的是，对于孩子的过度干涉——“你把这个干了！”、“你把那个干了！”、“这个干了吗？那个干了吗？”“如果不行，妈妈帮你干吧……”——这样诸多的事情，在孩子那里，就可能会变成“反正大家都帮我干”、“反正我自己什么都不行”。

不该做的事情就不能做，这种严厉的训斥是必须的。这时，不是要让孩子去感受家长愤怒的情绪，而是要让孩子明白事情的道理，这种冷静是很有必要的。

在训斥孩子、辩论是非的时候，重要的是要沉下心来，倾听孩子的辩解。如果孩子不能安静下来表达出自己的看法，他们对家长的话是不可能真正听进去的。因为这时他们只有不被理解的委屈和被训斥的紧张感。

父母想要教训的事情很多，这很容易理解。到处乱扔东西、说了很多次还不改的陋习，等等，一旦说起来就很难收住口。然而，如果有 10 件要责备的事情，重点说 2 件就行了。一大堆毛病一起说的话，基本上就是左耳朵进、右耳朵出了。

无论如何，这是一件很重要的事情，慢慢地、循循善诱地对话吧。这是考验家长忍耐力的活儿。

25 老被父母拿来跟别的孩子比较的小孩是不幸的

——比较的言语使用不当，就会成为伤害孩子的利刃

“某某都能干什么什么了。”

“某某从不像你这样做事情。”

“某某一天学习多少多少个小时。”

要注意，被拿来跟自己的朋友进行比较，是孩子最讨厌的事情。

可是，在训斥孩子的时候，也许是为了让孩子容易理解家长想要的，父母无意间就容易进行这种比较。

这样的言语会给所有的孩子带来创伤，就如同在说“你真笨”似的，它们会使孩子情绪逐渐消沉、丧失自信。比较性质的言论使用不当，就会成为伤害孩子的利刃。

我虽然明白这一点，但为了激励女儿，有时候还是忍不住说“某某可是很努力的哦”之类的，拿女儿和其他孩子比较。

说出口之后，也会想“怎么又说了”，便已经是马后炮了。女儿在小学低年级时，只是以一种不以为然的表情默默地听着，可是到高年级时，就会很干脆地反驳。

“妈妈，你别拿我和朋友比，很讨厌的。”

“某某是某某，和我不一样。”

我马上会进行反省。本来是想责备女儿的，反过来还要向她道歉，这样的事情也是时有发生的。

像这样，女儿对于不喜欢的事情，能够说出自己为什么不喜欢，可以让我马上注意到自己的失误，也不会给孩子造成阴影。但实际上，更多的孩子，自己想说的事情连一半都说不出来——这样的孩子是多数。

即使在被比较的时候受到伤害，很多孩子也不会说出来，只是郁闷地将此藏在心中。有一点需要警惕，在提醒孩子、训斥孩子的时候，家长的说话方式有可能会造成孩子没必要的自卑，这一点家长要铭记在心。

自己被拿来和他人进行比较是不幸的

在教育孩子的过程中，和别人家的小孩作比较，会给孩子造成什么样的影响呢？

总和他人比较，这真的是好坏参半吗？我个人觉得，完全不是好事。这样一来孩子心中总会有一种劣等感……这是很不幸的事情。

如果拿自家孩子和其他小孩作比较的时候很多，那么家长应该反省：是不是自己也经常和谁在比较？对比中，自己的状况是怎样的呢？自己还会有优越感吗？反思这些也是很有益的。

有些人拿自己的缺点与别人的优点进行比较，比较之后便羡慕对方。我有一位朋友在谈论一对有钱的夫妇时，总是说："有钱真好，什么都可以买。"当她说到自己的孩子的时候，也大多用羡慕的口气说："我们家的孩子和某某没法比。"

所以说，拿自己和他人作比较，心中就不会有幸福感。

在人生中，最没意义的事情就是拿自己和他人进行比较。以他人的状况为标准来衡量自己，这就等于自己放弃了自己的幸福感觉。而且，不仅是自己不幸，还将这种不幸传染给了孩子。

为了使孩子在成长过程中，不再继承家长的这种不良思维模式，家长时时反思自己的做法，是有必要的。

家长也不是一开始就为人父母的，作为"家长"这个角色，父母和孩子是同样的年龄。我认为，如果家长能让孩子看见自己反思自己行为的姿态，孩子也自然能够从中学到更多有益的东西。

比如，作为孩子也会出现和小朋友攀比的事情。

考试成绩不好的时候，孩子会说"某某的成绩比我差多了”，将自己的低分数正当化。我们很明白，他（她）这样说是为了逃避父母的责备。

在他（她）感觉到要被训斥的时候，家长应先把成绩的事儿放一边，明快地笑着告诉他（她）：“不要和其他小朋友比”。正是在这种场合下，需要家长发挥幽默感，引出孩子“要做得更好”的愿望。

26 如何让孩子想努力做事

——只有孩子自己真正感觉到“糟糕了”，

才会发挥出自己的力量

上小学四年级时的某个时期，女儿一个月后要参加钢琴演出会。然而在那时，她别说能不能弹奏得多么精彩，就连把这个曲子完整地弹出来都是问题。但这些都不是要紧的，关键是她虽然在练习，却没有一股认真劲儿。

我在一边看着，一直在说：“再认真一点儿练习！”说得自己都累了。我是不是应该采取点儿什么措施？就这样让她去参加演出会，只会失败——再不说点儿什么，就只能是将错就错了。

这时，降下一道“天籁之声”。

“这是一次危机。”

被钢琴老师这样说了之后，女儿在练琴回来时偶尔言道。

我想也没想就回答道："被老师说了吧？真好。"

这时，女儿用惊讶的表情看着我："唉，妈妈又说怪话了。"

都被人提到危机了，所以我要努力了——如果不是被提到危机，还不会想到要更加努力吧？那么为什么会有危机呢？这种危机正是成长的契机。

以上是女儿后来将这件事情写在作文中的话。

从那之后，女儿就像变了一个人似的，开始拼命练琴。手指不灵活，就拼命练，咬紧牙关地走向钢琴，感觉就好像如今要将以前没练的全给补上似的。就这样，从她身上，我可以看出她对自己弹不好曲子的那种不争气的蔑视和懊丧情绪。

这时，我只是在旁边干着自己的事情，装作什么都不知道。只是时不时地说一句"比刚才好了"、"真不错、真不错"等。

"所以我说了多少遍，要练习了……"这样的话就不说了。因为练习不刻苦这件事，她自己是最清楚的。

当她自己感觉到自己的手指不够灵活、弹得不够认真、刻苦程度不够时，我觉得这是她成长过程中的一件大事。虽然这时的家长只能怀着爱意，默默地守护着她，不过我觉得这样也很好。

演出会上，女儿弹得很好。她一点儿没错地弹到最后，完美地展现了自己，完成了一次成功的演出。这也算是她接受了危机意识，咬紧牙关在悔恨中将练习升华的结果吧。

怎样说，孩子自己才想干

家长面对孩子的时候，很容易无意中粗暴地说："为什么不好好完成作业！""为什么这么简单的问题都不会！""这样的成绩怎么考得上高中！"

以前，就如何应对这种状况，我和女儿班级的母亲们曾经探讨过这个话题。有不自觉就怒吼的人、有知道这样不行可还是严厉责备孩子的人……家长们都清楚地知道这种态度是欠妥的。

考试成绩不好、成绩下滑的时候，孩子有孩子式的想法："糟糕了。"对于那些已经知道这是自己招致的结果、知道这是一次危机的孩子，如果劈头盖脸的一顿发怒，反而会打碎孩子们的"糟糕了，我必须得干点儿什么"这样的潜意识。

而为了将这种"糟糕了，我必须得干点儿什么"的潜意识和"想干"的意识联系起来，怎样的对话比较好呢？

"你要是努力，应该是能变好的。"

"下次好好干！"

虽然有很多种说法，不过在这种场合，像钢琴老师那样，"这是一次危机"——清晰地就像在说别人的事情那样，难道不是一种很好的对话方式吗？即便被家长告诫"要努力"，如果本人没有危机感，孩子也不会努力的。所以，只有让他（她）自己真正感觉到“糟糕了”，他（她）才会发挥出自己的力量。

这时，具体怎么做才好呢？例如，改变学习方法、用记事本更加仔细地记录等，家长和孩子一起试着考虑一下新的学习方法怎么样？我觉得这种方法应该是越具体越好。

当孩子陷入危机，让他（她）自己感觉到危机之后，再以一副若无其事的样子去帮助他（她），让孩子自己绞尽脑汁地去寻找解决办法。其中的分寸固然比较难以把握，但也只能靠孩子自己去超越、去克服。而且，在孩子克服了自己的危机之后，家长也应该和他（她）一起分享喜悦，我认为这是很重要的。

如果孩子没有能够克服自己的危机，家长和孩子应该检查一下到底还缺少些什么。要进一步发挥孩子的聪明才智，而不是给他（她）施加压力。要告诉孩子“不灰心，不气馁”的重要性。

危机就是机会。这对于家长来说，是一个很大的课题。通过孩子的危机，家长从中也得到了锻炼。

27 利用《岁时记》学习那些眼睛看不见的

——培养出孩子纤细的感知力，是值得夸耀的事情

时代的发展，让地球变得越来越小。全世界的人们在文化方面的交流越来越多，文化的相互渗透越来越普遍。虽然，在历史上，世界一直都是在不断变化的，但如果到未来再回顾今天，仍然会发现，今天的我们是处在一种过去不曾有过的巨大变革之中。

在这种变革的时代，家长要思考，应该教孩子把什么样的东西保留下来。首先，应该了解自己的国家和民族，把优秀的民族文化传承下去。比如，重视我们的感性认知能力，有利于让我们的文化立足于世界之林。

我们能感觉到，世界上有很多美好的事物。例如，在秋夜听到虫儿低鸣的宁静与安详。我们对这些自然的声音有着敏感的捕捉能力，并将其节奏应用于文化作品中。

这些被我们无视的文化感知力，对孩子们来说尤为珍贵，值得我们传承下去。

从古代流传下来的《岁时记》就满载着人类的感性。如果试着将这种岁时记带入生活，就可以了解之前人们的生活习惯。

时光流转，四季轮回，每个季节都有节日和祭祀活动。一边给孩子讲着各种各样的节日的意思，一边做着节日的准备工作，也是一件很快乐的事情。

更何况，每个季节都有不同季节的欢乐，有不同的玩乐主题。晴天有晴天的乐趣，雨天有雨天的乐趣。

下雨的时候，家长如果有“真讨厌”这样的情绪，不仅会将此种坏情绪传染给孩子，其背后的“思维方式”也可能会随之传达给孩子。反之，如果家长不停地说“真是好雨”、“下雨的日子绿植非常漂亮”，孩子便可能对“雨”产生一种积极的观念。

如何度过夏天的酷暑，家长和孩子商量一下，应该是一件不错的事情。怎么样才能凉快地度过夏天，大家一起出主意是一种很好的交流方式。我曾经一边欣赏着中秋的明月，一边和女儿一起吟咏古诗。从孩子小时候起就重视这种玩乐方式，和孩子一起体验季节的变换，会和孩子结成一种很好的亲子关系。

女儿从小就是在和大自然的亲密接触中成长起来的。这个过程培养了她丰富的感性世界：她抬首仰望天空，并不只见明月，而是感受浩瀚夜空里所蕴含的人生哲理；她在季节变化的每个瞬间，能够觉察到美的存在，深以为人类也是自然的一部分；她重视《岁时记》在生活中的作用……可以培养出如此纤细的感知力，是我们值得夸耀的事情。

这种丰富，不仅指有形的东西——在一个人的心中，有多少是眼睛看不见的丰富内涵呢？在感受着季节流淌的生活中，留意这种“眼睛看不见的丰富”，一个人的感知就能够被磨炼出丰满的意境。

当被问到某种节庆事宜的时候，为了能够回答上来，家长和孩子一起学习、丰富自己的知识，也是一件很好的事情。

28 当孩子遇见手机、电脑、iPad……

——不要让孩子沉浸在一个人的世界中

如今的时代，是科技飞速发展的时代。孩子们被各种各样的诱惑包围着，跟我们的孩提时代是无法相比的。游戏、手机、电脑、iPad（平板电脑）、网络等，无时无刻不在吸引着孩子们。

每到圣诞节、生日，很多家长就必须面对孩子提出的各种愿望，每每为购买这些娱乐工具而烦恼，我也是其中之一。我记得女儿小学五年级的时候，她提出，如果学力测验得 90 分以上，希望买一台 iPod nano（携带式音乐播放机）作为圣诞节礼物——不过那次考试她只得了 89 分，所以就放弃了。

关于游戏机，每个家庭的考虑是不一样的，给孩子买的方式、玩的方法也千差万别。比如有的家庭是游戏机由家长管理；有的是外出旅行坐火车时可以玩；有的孩子则希望在安静一点儿的场所可以玩；还有的孩子是被规定在固定的时间内可以玩。

对于这些娱乐工具，虽然家长也可以采取一概不买的方式，但是对于孩子来说，如果大多数的小朋友都有，只有自己没有，也有点儿太苛刻了。如果能针对这些数码设备的玩乐制定出明确的规矩——关于玩的时间、使用权的分配，等等，使之成为学习的契机，那将是作为家长的明智的应对方法。

记得在女儿小学三年级左右，她的3个朋友来家里玩。尽管女儿为“玩什么”做了各种各样的设想，然而，当3人到家后，就开始玩各自携带的游戏机。有时候互相对战，有时候交换游戏卡片玩，到后来干脆沉浸在各自的游戏当中。虽然平时女儿也玩游戏，不过特意将大家集结起来，最后却各玩各的，这实在是有点儿没意思了。

小学生聚集在一起的时候，经常是这样。我切实地感觉到，孩子们的电玩已经发生了很大的改变。游戏机对于家长来说，在希望孩子们安静下来的时候，是很不错的工具。但这样下去，孩子们将变成什么样子呢？互相之间没有对话，即使是朋友也各自沉浸在自己的世界中，只干自己感兴趣的事情，只看自己入眼的东西。很显然，这种环境是无法培养孩子对他人的同情、体谅之心的。

如果不能避免孩子玩游戏，那么在孩子玩游戏的时候，家长不妨看看游戏到底如何好玩，让孩子说明一下游戏方法等；家长应该时不时地，在孩子“沉浸在一个人的世界中”的时候，和他说说话，分散一下他的注意力，这也是一种方法。

我认为，对于孩子来说，自己感兴趣的东西能让家长也感兴趣，那可能是件很开心的事情。如果家长对孩子的世界表现出一点儿理解，那么孩子也会听得进家长的意见。如果这样，让孩子能对游戏的玩法、时间的分配等进行思考，进而与父母形成对话，那么这就会成为家长和孩子之间的很好的交流。

通过与人交流，可以锻炼孩子的语言表达能力

然而，娱乐工具是和孩子们的语言表达能力低下相关联的。有这种感觉的，应该不仅仅是我一个人。说话的时候，不自觉地总想说："我想说的是……那个意思你明白吗？"这样的事情也在更多地发生着。

语言是在与人交流的过程中学到的。

在家庭的对话中，孩子如果遇到不知道的词汇，是会问家长的，也可以自己去查。出于想要了解他人的愿望，再加上自身的好奇心，孩子的词汇量会猛增。也就是说，孩子的词汇丰富程度是和他（她）的交流能力成正比的。

如今，孩子们和他人的交流是不是偏离了轨道？密切地注意一下吧。例如，上年纪的人和年轻人在用词上就有点儿不一样。过去的孩子，听着大人说话，即使不特意用心，也能自然地接受很多词汇，同时也学会了与不同的人说话的方式，用词也在变化。今天，这样的机会减少了，家长有必要重新教导孩子：语言绝不仅仅是叙述事情的工具，它还能够传达情感。

还有，最近，孩子们之间经常使用“微妙”、“怎么说呢”这样的词语。

当被问到“考试成绩怎么样”的时候，他们会回答说：“嗯，很微妙。”这样家长就明白了他们有言外之意。“微妙”这个词语，虽然在这儿用是一个很方便的词语，但要理解起来，却必须有一定的语境。

用不用这样的词语，取决于和对方的关系如何。因为和自己关系很近，所以用“微妙”就能说清楚。“微妙”、“怎么说呢”等含糊的说法、词语的省略说法等，就变成了仅限于朋友之间通行的“记号”、“暗号”。另外，因为不具体说出自己的想法，所以才变成了这样的说话方式。

这时，父母可以试着深入地问一句：“那具体是什么样的感觉呢?”

当听到“怎么说呢”的时候，家长不妨让孩子说明一下“怎么说呢”是什么样的。

明确地把握自己的心情、感情是很重要的——这既是对自身的了解，也是通过使用准确的语言来表达出需要表达的事情。而且，通过感情的表达，也可以消除心中的隔阂——

清楚地整理好自己的思想并说出来，将含糊的部分具体化。

29 重新认识读书的重要性

——与其冲孩子喊“去读书”，不如创造一个阅读的环境

听说为了培养学生读书的习惯，很多中小学都把上课前 10 分钟的时间用来安排读书，这种情况在小学尤为盛行。据说，读书不仅能使孩子获得知识和读书的乐趣，还可以增强他们的专注力，另外还有很多其他益处。

希望孩子们能够重视的能力有很多种，这其中，我最希望孩子们能重视想象力。因为想象力可以产生创造力。制造东西是创造，而制造更美好的人生也是创造。也就是说，想象力关系着孩子们今后人生的发展方向。

要想提高想象力，就必须知道，这个世界上有很多自己所不知道的事物。而要知道这些事物，最好的办法就是读书。

书中有我们现实生活中无法体验到的世界，有至今为止我们从未感到过的悲伤、寂寞、快乐等。而这些感触，又关系着

对孩子体谅、同情之心的培养。所以，希望父母所做的，不仅仅是让孩子们读书，更要让他们以书为翅膀，自由地放飞他们的思想。

比如，书中有“蓝色的海洋”这样的叙述，孩子看到的时候，就会想：应该是怎样的蓝色呢？大海是如何宽广呢？如果他能将以前见过的海的印象和通过文字感受到的意象重叠起来，就可以形成自己脑海里所独有的“蓝色的海洋”。换言之，我们通过文字阅读，在脑海中将文字背后的东西视觉化，使之印象丰满，这样就可以形成自己的世界观。然而，如果最初看到的就是影像，会怎么样呢？大概就没更深的感触了。因为影像是直接诉诸视觉的东西，是没有更多的想象余地的。

看书的好处，就是这种意犹未尽的感觉，其后的延伸，全凭读者自己去想象。也就是说，通过读书，在自己心中充实各种意象。相对于读书，影像资料则是一种从外部单方面给予的信息补充。

朋友的孩子是一个脑子里充满幻想的男孩。这个孩子 7 岁左右时，有一次，他合上正在看的书发呆，家长便问他怎么了。

“书里写的也太厉害了，我都不知道该怎么办了。”

通过他的回答，可以知道在他的脑海中，有一个很厉害的世界在不断扩展着。能如此陷入书本的世界中，也说明他的专注力非常强。多年后，他考上了大学，专攻建筑学，如今已成为一个建筑学家，踏出了人生的第一步。

人们一般是在体验自己的人生后，才会近距离观察家人、朋友等的人生。然而，世界上有更多的人在度过自己的人生，也有很多人生活在极端艰辛的状况中。我上小学时读姬百合部队（女子护士队）的书，有如此经历的人们让我感到吃惊，战争的惨烈给了我很大的冲击。生活在和平时代的自己，甚至会怀疑那是不是虚构的。

另外，当我还是小学生的时候，虽然还不是很明白莎士比亚剧作中台词的深刻意义，却也能感受到人的肮脏内心带来的恐惧，一本接一本地读着。成人之后再次读莎士比亚的作品时，却能感悟到那些角色内心的可悲。随着自身的成长，读书方法也在变化，我觉得这也是读书的乐趣之一。

让孩子喜欢读书的方法

孩子会因为游戏而失去很多东西，其中就有读书的时间。时间是有限的，如今读书的时间被游戏、手机等占用了，这是明摆着的事儿。大概是因为玩游戏比读书更清闲、更有趣吧。

犹太民族人才辈出，其中有大把大把的艺术家、诺贝尔奖获得者和出色的企业经营者。这个民族在众多的民族中有着特殊的历史。在很长的一段时期，他们一直散居在世界各地。这样的犹太人为什么会如此优秀呢？有人说，这得益于犹太人对子女的教育方法，而其中最重要的就是重视读书。

这并不是说，让家长整天对着孩子喊“去读书”，而是培养一个阅读的环境，比如：在家人经常聚集的起居室等地方放上书架，并放满书；把孩子可能感兴趣的图鉴、大百科等，放在孩子容易看到的架上。然后，家长率先开始读书。这样，孩子自然也会想读书，很快孩子就会找到自己感兴趣的书。之后，为了进一步提高阅读兴趣，家长可以带孩子到博物馆、美术馆等地见识实物。这并不仅仅是为了增长见识，更重要的是培养孩子内心所涌现出来的学习主动性。

为了使孩子喜欢书，家长可以试着将书中孩子最喜欢的场面画成图画，这也是一种不错的方法。通过读书，充实头脑中的印象，再将这种印象画出来，使孩子更容易进入书中的境界。特别是10岁左右的孩子，好像很乐于做这样的事情。

书确实是“未来的入口”，向我们展示了一个广阔无边的世界。即使对成人来说，书里也有一个令人雀跃的世界。为了带动孩子爱上读书，请家长先为了提高自己的修养而读书吧。在孩子面前展现聚精会神读书的样子，就是在培养孩子喜欢读书的热情。

30 通过梦境分析孩子的心理状态

——了解孩子的梦的含义，获得连孩子自己都没意识到的信息

你知道“解梦”这个词儿吗？

我们每天晚上都会做梦。这些离奇古怪的梦其实也是有意义的。说起来，如果知道“为什么会做梦”、“这个梦是从哪里来的”的话，那么就可以明白这些梦到底包含了多少重要信息了。

试着将我们的心想象成一个三角锥形的冰山。露出海面的冰山的上部，是显意识，这是我们的“心”可以把握的领域。在其下，隐藏在海面以下的看不见的部分，是潜意识，是用来存储被压抑的感情、遥远的记忆等的领域。再往下，还有被称为超意识的领域。

梦就是这个潜意识领域发出来的“信息”，可以认为，这是为了使我们成长而发出的必要的信息。在分析心理学中，梦被

认为是用来了解这个人的状态的必要情报。

举一个简单的例子来说吧——

“使用一个肮脏的厕所”这样的梦。“厕所”这个概念，有排泄、净化的意义。因为要用水冲，所以也和水有关。

一般来说，谁都不想使用脏厕所。换言之，这个“脏厕所”，就有了排泄、净化不顺畅的意思。只是不知道这是身体的原因呢，还是精神上需要净化的意思。

作为这种状态的解决方法，便是从“厕所、水”上着眼，首先考虑的是身体的净化——通过多喝水、从身体中排泄毒素这样的手段达到身体净化，身体状况就会变好吧；与此同时，也可以促进精神的净化。像这样，从梦境中得到的忠告，具有很强的可实践性。

我从开始学习解梦到现在，将近 20 年了。获知梦中的信息，不仅对解决自身的问题很有帮助，孩子在想什么、感觉到了什么……连孩子自身都没有注意到的问题我都能知道，这成为我了解孩子的一个重要手段。

我最初接触“孩子的梦境”，是在数年前去朋友家玩儿的时候。我和朋友在聊天儿，旁边是朋友 3 岁的孩子，正在睡午觉。睡了一会儿，孩子突然睁开眼，哇哇地哭起来，好像还有点儿恐慌。“是做了可怕的梦了吧？”我试着问了一句。然后他告诉了我他的梦境。我发现，他的梦对孩子来说是典型的一种梦境。

“鳄鱼，鳄鱼在追我，好可怕。”

显然，这样的梦也是有意义的。对于鳄鱼来说，大嘴是它的特征。嘴是说话、发声的器官。所以，有着大嘴的鳄鱼，可以解释为“某种碎嘴、可怕的东西”。对于孩子来说，碎嘴的人是谁？那大概就是妈妈了。换言之，这个梦可以解释为“妈妈总是唠叨，对孩子产生了压力”。

而且，因为是被鳄鱼追着，所以对于孩子来说，有一种被逼迫的感觉，即便这样解释也是有意义的。由于对梦境的解释，有时可能会触及非常微妙、敏感的部分，如果不能得到完整的信息，很多意义是无法解释的，所以我只是简单问了一下内容。然而，作为孩子母亲的朋友，我已经能感觉到那孩子平时没有说出来的感觉了。

其实像这样在孩子们梦境中出现怪兽的情况很多。那些意思不明的梦中故事，在知道了各种场景的通常象征意义之后，家长适当发挥想象力，便可以试着进行解释。然后慢慢地，梦的真实含义就会浮现出来，让人恍然大悟：“原来如此。”

即使没有专业知识，对梦境的特征进行分析，大概也能找出它的信息点。从这一点出发，也能减轻孩子们的压力。

女儿的被告知余生的梦

那是女儿小学五年级的时候。她做了一个怪梦。

“去学校的那个缓坡的地面上全是贝壳。”

贝壳会有什么样的信息呢?

贝壳有“性”的象征意义。在这个时期做有“性”的象征的梦，从这点看，女儿马上就要进入青春期了。听到这个梦之后，家长也可以早做准备吧。即便是孩子，她也应该会根据这个梦想到些什么。

梦是不可思议的东西，即便不去解释它的意义，有时人根据梦中的感受，自己隐约也会有所感悟，从而做好心理准备。这个“贝壳的梦”，就可以被称作是让人“做好心理准备”而呈现的梦吧。

另外，还有这样一件事，是女儿小学毕业后的春假中的事情。

“我做了一个被告知余生的梦。”

起床时，女儿脸色晦暗。不过，在梦中死并不可怕，反倒有“旧的东西死了，新的东西出生了”这样一个再生暗示。好几次她梦到看到家长死了，都快哭了，不过这也是在梦中体验自立的过程。女儿正好是在小学升中学的关键时刻，所以，我告诉她，这个梦是为了促使你进步而应该有的。在这里我还对她说，“你应该还有没干完的事情”。

这样一来，女儿也好像想到了什么似的，赶紧开始干她该干的事情。

其实，如果更加精密地解释这个梦，应该是“拖拖拉拉浪费时间”的意思，不过我没有原封不动地告诉她。因为，什么也没有本人的干劲儿重要。

孩子的梦，对于家长应有的状态也起到了暗示的作用。如果知道了梦的意义，就能够对自己的做法进行谨慎的反省。为了能够对孩子更贴心地进行教育，了解孩子梦中透露出来的信息无疑对我们是一个很大的帮助。

Chapter 3

对孩子表现出思念，孩子就会学到：人生是很重要的

31 让孩子适应严峻的未来

——生存能力的三大支柱：智力、体力、精神

从今往后，世界会如何变化？2011年3月11日，日本东海岸大地震之后，东京电力公司的福岛第一核电站发生事故，要想修复并恢复原貌，还有很长的路要走。这次事故不仅仅是对日本东北部地区，甚至对日本的未来都有很大的影响。

即使仅仅考虑这次事故带来的经济问题、地球环境问题等，也会感觉到孩子们今后即将面临的确实是一个严峻的时代。面对如此大的变局，必须要用前人所未有过的思考方式、行为方式，才能超越这个时代。

对于这样的时代，只像以前那样追求成功的生存之道，应该是不成立的。

在这个严峻的时代，心性坚强、斗志旺盛地生活下去，已经不能单纯地被称作生活能力，而应该说是生存能力。换句话

说，生存能力变成必要条件了。

所谓生存能力，是指即使自己被逼入绝境，也能毫不畏惧地运用自己的智慧、勇气和行动走出绝境。

作为一个人，揭开人生自立的序幕，从大的方面来说，首先要具备智力、体力和精神这三种力量。这其中任何一种，都是我们为了生存下去而必须具备的基本能力。而且，这些也关系着人能否生存下去的各种力量。

虽然孩子们在学校生活、家庭生活中能够获得这些力量，可我还是想再度证明一下智力、体力、精神这生存能力的三大支柱。

智力能让头脑和内心充满力量

不用说大家也知道，掌握基本的学习能力是很重要的。

孩子们经常会说："这么难的东西，即使学了，以后也没什么用。"确实如此，日常生活中我们很少用到像微积分、函数这些艰涩复杂的知识。我个人也没有运用这些知识的经历。

但是，中小学所学习的各学科基础知识，可以说是我们作为人类来讲所应该具备的基本素养吧。这不是有用或者没用的问题，而是必须了解的知识；更重要的是，在上学的过程中，我们必须掌握"学习和研究一种未知知识"的方法。在高中，学习还是对学生自身意志的一种磨砺；而在大学，学习则是关联着各种职业技能、专业知识的特训。

另外，还有一点，孩子在获得知识的同时，也能获得顽强学习的自豪感，和努力学习后掌握知识的自信心。某个时期的完整的学习经历，会增强孩子的忍耐力、持久力和不轻言放弃的决心。更进一步，还会提升孩子的学习欲、求知欲，甚至还关联着他（她）创造新事物的创造力。

而且，在学习的过程中，思考什么、如何思考也是很重要的。思考能力，不光体现在学业上，在日常生活中、在朋友关系上，不管在什么场合都是必要的。遇到困难的时候，也需要这种超越困难的智慧。不仅在孩提时代，即使成人之后，这些都是重要的素质。

我们不是一个人在生活。世界之大，人种之多，如何与人相处，是一个重大的课题。在学校就不用说了，即使走上社会，也需要很好地建立和维持人际关系。而且，为了很好地工作，和他人的交往也是很重要的。这种交流的能力，从广义上也可以说是智力的一种体现。

提高交际能力有各种各样的方法——仔细倾听别人说话、向别人传达自己的想法，这里重要的是想象力。想象力，是对事物进行预测、推理的基本能力。从人际关系上来说，就是感受对方的情绪——换言之，也可以说是理解他人的能力。想象力丰富的人，富于同理心，那么他的人际关系也会“丰富、饱满”起来。

然而，在交流能力变得越来越重要的人生阶段，孩子们却得到了游戏机、手机、电脑等“即使一个人也可以玩得很开心”的娱乐工具。另外，利用网络、电子邮件等进行交流的人变得多起来。

其结果就是，和真人的交际能力下降，人际关系变得淡薄。如今的交流，越来越少感觉到人与人之间的温暖，所以，人们对于感情伤痛的感觉也变得迟钝了。对于家长来说，这是必须要深刻考虑的重大课题。

体力是所有力量的根基

上边说了获得智力是如何重要，但发展智力的前提是先要有健康的身体。特别是对于现在的孩子们，增强体质是一个值得特别注意的事情。

说到家长能够做的，首先就是注意孩子每天的饮食。饮食的平衡不仅对身体有益，也能够使孩子情绪安稳。关于饮食，确实有很多的观念和信息，值得家长们学习。

快餐对于健康有不良的影响，这是很多人都知道的。虽然每个家庭都有自己的看法，可我还是尽可能注意不让孩子对快餐形成依赖——然而，也肯定做不到完全杜绝。

另外，有的孩子喜欢肉类，也需要注意荤素搭配。我们家在吃肉时，会让孩子吃比肉多一倍左右的蔬菜或者海藻类的食物；此外，还要让孩子尽量控制对甜食的摄取。家长要重视这些，在采用应时应季的食材的同时，要注意饮食搭配的健康。

还有，过去孩子们都在放学后和附近的小朋友一直玩儿到天黑，玩儿的时候，身体得到充分的锻炼。可是，如今的小学生放学后都去上兴趣班，或者有其他什么学习项目，很少有和小朋友在外边玩儿的机会。都市里可以玩儿的场所也减少了，即使和朋友一起玩儿，也都变成玩儿电子游戏了。

孩子在小学阶段，家长特别注意要加强孩子体力的锻炼，这是很有必要的。比如家人一起骑自行车远游就很好。学校体育课里的科目，例如单杠、跳绳之类的，家长也可以在附近的公园和孩子一起玩。

也可能，你的孩子对体育不擅长，不太热衷于运动。这就需要家长和孩子都意识到，体育项目不仅是身体能力的竞争，也是培养耐力和拼搏精神、专注力、不服输的意志力的最好方式。

如果孩子实在不积极，也不要逼迫他（她），而是要帮助他（她）发现其中有趣儿的部分，家长也最好能找机会一起参与到运动中来。

精神能让孩子坚持到最后

第三个生存能力就是精神。

今后的世界，可能会变得越来越需要精神和忍耐力。在获得这种能力的第一阶段，教会孩子忍耐是必要的。

如今，我们的周围充满了物质诱惑，只要有钱，基本上什么都可以买到。进了商店，都是小孩子喜欢的东西。

例如，对于想要的东西忍住不买，这对小孩子来说，是需要很强的忍耐力的。进一步说，即使买了喜欢的东西，很快就玩儿腻了，他们又会看上新的东西。买了一件文具，如果能一直用到最后，也可以说是一种忍耐。

忍耐的强度，对于先前所说的智力、体力，也是有影响的。忍耐力强的孩子和忍耐力弱的孩子，不仅表现在学习上，在人生中也会有很大的差别。因为在学习上认真、在运动中刻苦，其结果将关系到耐力和意志力的养成。

怎样才能将孩子培养成忍耐力强的孩子呢？更进一步说，为了获得强大的精神动力，家长应该做些什么呢？为什么坚强的忍耐力是必要的？家长首先就要明确地知道其意义，并付诸实践，这是很重要的。

而且随着孩子的成长，无论是在学校的学习，还是参与班级活动，抑或是自己的朋友关系等，需要忍耐力的情形都会不断增加。毕竟，事物不会总是按照人自己的意志发展，就像教育孩子也正是家长学习忍耐力的“课程”，孩子们也需要通过学习、班级活动、朋友关系等，学会忍耐力。重要的是，在孩子顽强地忍耐之后，家长一定要向他（她）展示这种忍耐是颇有成果的——不管遇到什么事，都要顽强地忍耐，直到完成。在这个过程中，孩子们肯定也应该学会有责任感。

如果孩子做到了，家长要注意到孩子的顽强，要给予鼓励和奖励，这是很重要的。

不过，像“你肯定能行”这样的话，有的孩子可以受到鼓励，也有的孩子不能受到鼓励。这其中，有的孩子可能会产生“要是不行怎么办”这样的害怕情绪。因此，对于孩子，要避免施加过度的压力。

关于孩子的责任感的培养，还有一种明确孩子自己责任的方法。这就是可以享受到自由的责任。

如果孩子只干自己想干的事情，而不干自己该干的事情，长此以往，孩子就会对学业、和家长约定的事情、自己制定的目标等产生懈怠，这就是责任的本末倒置。

孩子在自立的过程中，对“自由”的向往变得强烈了，想从家长那里获得自由。例如，想单独和朋友一起上街买东西、想单独出去玩……这种心情是非常容易理解的。然而，街上，特别是大都市中，诱惑是非常多的，危险场所也很多。

对于自由行动，伴随着的是责任——自己要保护自己，遇到诱拐的时候要坚决拒绝等。在孩子还不能对自己负责任的时候，是不能让他（她）自由行动的。对于孩子在街上乱跑的危险性，不管多么招孩子讨厌，父母也应该不厌其烦地指教他（她）。

而且，要告诉孩子：要想获得自由，首先是不能懈怠自己的分内责任，而要成为一个能对自己的行动负责任的人。通过这样的教导，能让孩子学会有责任感，还可以培养孩子的自信心。

“人的生存能力，就是各种素质健全并拥有强大内心的综合能力。”现在从一个新的角度来体会这句话，就会觉得很好理解了。生存能力是所有能力的总和。

这就是在今后艰难的时代生存下去的孩子们所必需的能力。让孩子们自立，并能够发挥他们各自的个性，强健地生存下去，作为家长能够给予他们怎样的支持呢？希望家长们也能在提高孩子生存能力的同时，和孩子一起成长。

32 孩子更相信从父母身上看到的东西

——孩子的成长痕迹中，反映着家长的价值观、生活方式

对于某些教育理念，如果称之为教育信条，可能大家会觉得非常强硬，且缺乏弹性。不过，在“如何教育孩子”和“希望孩子将来是什么样子”这些指导性的概念方面，夫妻达成共识还是有必要的。

希望孩子长成什么样子，其实就是希望他（她）长大以后成为什么样的人。这也是我们成年人眼中最重要的一件事。

换言之，教育信条其实就是家长的生活方式、家长的价值观，对此我们必须要予以重视。因为孩子的成长痕迹中，反映着家长的价值观、生活方式，所以，我们应该经常检讨自己的生活方式。

首先，我们要整理好自己，把人生的一些重大命题，比如“什么是应该重视的”这样的事情考虑清楚了，再教给孩子，这

是十分重要的。关于这一点，夫妻之间尽可能统一意见也是很必要的。

父母的意见如果不一致，孩子就会感到混乱。父亲说好的事情母亲说不行；母亲认为有价值的事情，父亲很轻视——这样一来，孩子就会变得不知该相信谁好了。

所以，日常生活中夫妻之间价值观相同是很重要的。可以向对方说出自己的意见，也可以听取对方的意见，清晰地对话，能够互相接受彼此的意见。也许有人觉得这是理所当然的事情，没有什么问题。然而，不善于表达自己情绪的人毕竟是存在的。像高兴、快乐这样的感情比较容易表达，但是像悲伤、愤怒等就是很不容易表达的感情，甚至有的人在表达的时候会有罪恶感。对对方怀有愤怒情绪的时候，要想很好地表达，还真是一件困难的事情。

能够真正心平气和地说出心里话，这是合作关系的基础。也许这已经是偏离了教育方针的话题，但夫妻之间坦诚地对话取得共同的价值观，的的确确是教育孩子的重要基础。

如何教育孩子？这也关系到夫妻如何生活。在教育孩子的同时，父母自己也在学会做家长，进而促使我们成长起来。

这样来考虑的话，“把他（她）教育成什么什么样的孩子”这样的说法，也许就不恰当了。不要在孩子身上嵌入家长的理想、形象，而要观察孩子的类型、性格以及特性。作为家长，应该向他（她）灌输什么，是非常重要的。

家长的思想动摇，孩子也会动摇

作为家长，我们总有些想法想要灌输给孩子，总有些处事原则希望孩子能听从我们的建议。但是，家长要避免被这种意念所影响，操纵孩子的人生，或者根据自己的好恶胁迫孩子——就像前文所述，孩子并不是家长的所有物。

家长在成长的道路上，要面对自己身份的各种考验——首先就是从“孩子不是家长的所有物”这一明确的自觉开始的。有了这种明确的意识之后，当孩子成长起来离开家长的时候，父母才能做好心理准备，才能做到以“守护”的姿态来面对子女。

对于家长来说，孩子是比自己的生命更重要的宝贝。世界上，没有不希望自己的孩子幸福的家长。然而，精心地养育孩子，并不是娇惯、放纵孩子。而要做到这一点，对于家长来说，不是一件容易的事情。有时，作为家长不得不心硬如铁，不得不压制自己泛滥的父爱母爱……这种事情父母们都会遇到。

这时，为了能够坚强起来，很必要的一点就是，心中要明确地牢记“对于自己来说什么是最重要的”。如果家长的思想动摇，孩子也会变得不安。为了使自己坚定地脚踏实地不动摇，首先夫妻双方立场要保持一致、相互提醒，这是很重要的。

家庭是孩子的人生出发点

我们家在生活中很重视的一点，就是力求“灵魂的纯洁”。虽然这个说法多少有点儿生硬，但我们始终认为应该“让心灵成长成为人生的目的之一”。在注意维护这种心境的同时，通过各种努力实现自身价值，我想这就是我们这个家庭的根基吧。

对于女儿，我们也是希望她能够一边经历所有的体验，一边让心灵美好地成长起来。

而且，如前所述，家人很重视“幽默”这一润滑剂。即使是没有任何意义的日常对话，也会发挥幽默特征，诙谐地交流。虽然，我的诙谐可能有点儿自嘲，女儿的诙谐可能有点儿“低劣”，然而，这也是能够笑出来的幸福。日常生活中遇到困难时，在困难中发现滑稽的事情，让大家乐起来……这也关系到心灵的成长，如今这已经成为我们家族成员共同的思考方式。

而且，不管遇到什么事情，我们都会以“自己要如何生活下去”的警醒为前提，进行各种各样的思索和行动。

然后，带着这样的心态和孩子相处，即“自己的过去构筑了现在，而现在的言行也将构筑将来”。“某个时候，我想我自己变成某某那样。”这样想的时候，孩子的意识中就会有自己期待的那个“未来”。然而，在实际中达到这个目标的过程是很重要的——“从现在这个瞬间开始如何行动，才是重要的。”一有机会，我就这样对女儿说。

孩子的人生出发点是家庭。家庭对孩子来说是最能使其获得安全感的地方。同时，孩子也通过相互间的交流，学到很多东西。家庭也是培养孩子的价值观的地方。家庭生活里，处处反映着家长的思维方式、行为等。

作为家长，我们所能做的，就是创造一个对孩子来说快乐的生活环境，然后，作为这个环境的基础，将我们自己的思维方式、生活方式，坚定不移地贯彻下去。有时虽然有疑问，但并不是迷茫。“这样好吗?”、“自己的做法是正确的吗?”——一边反省自己的同时，一边守护着孩子。

教育孩子也是“教育自己”。话虽如此，要想在教育孩子的时候，完全摆脱自己几十年人生经历的影响，也是不可能的。重要的是，用适合我们自己的方法，构筑家庭的和谐氛围。

33 孩子能敏锐地看穿家长的用心

——小心点，孩子的确在仔细地观察父母

有人说，孩子是看着家长的背影长大的。确实是这样。孩子们非常注意家长的言行。他们或是想成为家长那样的人，或是以家长为反面教材。

我丈夫是一个研究员，主要工作是写作、翻译和演讲活动。

为此，女儿眼中的父亲，经常不去上班，而是在家里读书或者在电脑前。虽然这些都是重要的工作，但是在女儿看来，好像她的爸爸怎么也没有工作的感觉。“我朋友的爸爸每天都到公司去，非常努力地工作……”女儿向丈夫提出抗议。

以前，为了让女儿见识到父亲的英姿，我经常带她去丈夫的演讲会，让她看见自己的爸爸在众多听众面前讲话，希望多少会改变她对父亲的看法。带她去了几次后，当我问女儿：“你对父亲有没有变得更敬重一些？”结果女儿只是说了一句：

“爸爸总是在说相同的话。”丈夫对此也只能是苦笑。

孩子不仅会仔细观察家长，有时还能敏锐地看穿家长的用心。这经常让我感到吃惊。虽然有人说孩子的话不能当真，但是很多时候，孩子的眼睛比大人看得更客观，看法更公正，甚至能一针见血。之所以能够看透事物的本质，是因为孩子心中没有阴霾，没有先入为主的观念。

家长经常对孩子说“必须要遵守约定”，但对孩子这样说的同时，自己又做得怎样呢？

“这个星期天到游乐园去玩吧。”这样说了之后，如果遇到不能耽搁的事情的时候，家长就会改口说：“唉，下次再带你去吧。”从孩子的角度来看，父母无论怎样解释都改变不了一个事实：家长破坏了约定。

从成人之间的人际关系上讲，在一些场合，“大人们的原则”是通用的。有时，大家必须推翻前面的话，且都能互相得到理解。尤其是在相互之间利益一致的时候，很多变化都是可以接受的。但是，这样的事情在孩子那里是不能被接受的。

孩子的担心是这样的：这样的事情如果继续下去，“总是下次、下次，那不就一直不能带我去了吗”？这就触及了事情的关键。

“什么时候都要遵守约定”——孩子一直被这样教育着，而大人却很简单地破坏了约定，孩子当然就会觉得这不正常。当被孩子问到的时候，父母该如何回答呢？孩子会非常认真地对待这种回答方式。

比如，当女儿在许多事情上持有负面否定的情绪，我总是对她说："负面情绪也可以变成正面积极的情绪。""你带有负面情绪，就可能招致负面的结果。"总之，我是一心想让她能够转变情绪，能够像我在书中写的那样去做。

然而，我自己有时也会陷进去，也会只看到事物的消极一面。筋疲力尽的时候、不好的事儿接二连三出现的时候，整个人真的是变得很消极。这时，也许是不愿意看着我一副筋疲力尽、兴味索然的样子吧，又或者是想鼓励我，女儿这样对我说："妈妈，你总是对我说要积极对待事物，你自己却变得消极了，这可不对。"

确实如女儿所说。找借口是没必要的，同时，我也反省，平常我自以为是地用来鼓励女儿的方法，可能多少也有些强迫意味吧。

于是，我向女儿表示：我马上就会转换心情，重新振作起来。

大人的借口是一个坏榜样

当孩子触及家长的言行矛盾问题时，多余的借口都是没用的。毋宁说，当矛盾被触及的时候，家长莫若诚恳地承认这一点，这种坦率不是更好吗？首先，我觉得应该对"孩子注意到这种矛盾”这件事本身进行感性的表扬。

当矛盾、问题被孩子触及、点破，这个时候，如果家长仅仅是变得焦躁，遮遮掩掩，或者为了掩饰什么而恼羞成怒、强词夺理，都会起到反作用。这样一来，父母就会变成“坏大人”的范本。在这个意义上，家长作为大人，是离孩子最近的成人样板。

对于婴儿来说，家庭就是一个社会，是他的全部。之后，孩子长大些，进入托儿所、幼儿园、小学，围绕着自己的社会会变得越来越广阔，他（她）在那里会遇到朋友、老师等。

从小学高年级开始，孩子会渐渐注意到自己和别人的不同。

在对自己的家长和别人的家长的比较中，在家庭环境的比较中，孩子确认自己与其他同龄人的差别。这是青春期的开始。孩子在确认这种不同的同时，也在了解自己。正因为如此，家长的一贯性是很重要的。今天说很好，明天又说不行了，如果父母如此摇摆反复，孩子就不知道该如何摆正自己的价值观了。

每一天孩子都在成长。成为中学生之后，其行为模式就变得开始有成人风格特点了。孩子之间会互相说着自己家长的可笑行为，我也经常听女儿回来讲这种事情。这时，会听到很多家长出于好意做的事情，但在孩子那里都未被接纳，甚至会变成孩子的一种负担。这是我从女儿的讲述中感受到的东西。

孩子在看着家长成长，而家长也在看着孩子成长起来。只要时刻保持“家长也要成长进步”这种心态，就能经得住孩子审视的目光。

34 鼓励孩子说出真相

——诚实地将事情说出来是一件好事，有利于问题的解决

大多数的家长都希望孩子能成为诚实的人。但不诚实是否完全等于说谎？这是很难说的，所以在这里想分开来讨论。

必须要说的事情却没有说，隐藏起来了，这就是不诚实；另一方面，说谎，是说了一些和事实不相符的话。如果只是该说的事情没有说，这还不是说谎；可是如果说“不知道”，那就是说谎了。

把什么东西弄坏了、将母亲的重要东西弄丢了、在学校惹老师生气了、和同学打架了等，孩子应该诚实地告诉家长的事情还真是挺多。

孩子不诚实，多数时候都是做了不该做的事情，或者因为自己的过错而失败了，自己觉得如果说出来的话，家长肯定会生气的。还有一些则是“如果被人知道了，自己会感到羞耻”

的事情。可能还有一些，是为了不让家长担心，所以才没说。

像损坏了东西、丢失了东西等孩子很容易出的过错，如果他（她）不诚实地对家长说，也可能是有其他的理由。或许是因为以前遇到同类问题，诚实地说了之后，招来了家长非常愤怒的对待。

对家长诚实地说出失败的事情，对于孩子来说，是需要很大勇气的。打算对家长诚实地说出此事的时候，孩子往往已经在心里反省过了。所以，首先要理解这种心情，这应该是很重要的。如果父母不顾他（她）鼓起勇气诚实说出来的这一面，而一味对孩子的错误进行严厉的斥责，那么下次他（她）就有可能不再诚实地把事情说出来了。

孩子将很难堪的事情诚实地说出来时，父母能否及时向孩子传达"你能说出来，真好"这样的意思，是很重要的。"你能诚实地说出来，妈妈很高兴。"这样的感情表达也很好。有了这样的缓冲之后，该注意的事情还是要注意的。这样一来，孩子对家长后面教导的话就能顺利地听进去了。如果家长上来就发怒，孩子为了不受伤害，只会将心扉紧闭。

诚实地将事情说出来是一件好事，有利于问题的解决——向孩子传达这样一种信息是很重要的。告诉孩子：即使失败了，说出来之后心情也会有所改善。当然，如果真想让孩子能这样想，家长就必须注意自己的教育方法、批评方式。

当然，如果是危及生命的事，或者是他（她）做了别人所不能原谅的事情的时候，家长必须要强烈地、严厉地批评，有必要向孩子传达事态的严重性。这是因为，这些事和日常小事的严重程度不同，训斥自然也就不一样。

首先，家长诚实是很重要的

实际上还有一点，我认为这是最重要的。那就是家长首先要诚实。这样，父母才能向孩子展示一种诚实的人生。

如果家长认为“诚实就要吃亏”，那么孩子也会有同样的观点。而且，如果家长根据需要，将对自己不利的事情进行欺瞒，孩子都清晰地看在眼里，那么他（她）就会觉得“反正爸爸妈妈也是这样干的，所以自己也这样干，没关系的”。诚实就是诚实，任何事情毫无折中可言——这样的姿态，对于孩子来说是最好的榜样。

小学生时代，女儿对很多事情都很迷茫，犹豫要不要对老师说。这时，我经常对她说：“诚实是第一位的。”与其不说憋在心里难受，还不如如实地说出来让心情舒畅。不仅如此，诚实地说出来也有利于解决问题。“诚实是第一位的”，这句话也是我们家的口号。

关于“诚实第一”，还有一段难忘的小插曲。

那是女儿刚上小学的时候。有一天，女儿一脸若有所思的神情，从自己桌子的抽屉里拿出一个开瓶器，然后说：“我不是故意拿回来的。”这是数月前去温泉附近旅行的时候，女服务员放在屋子里的开瓶器，被女儿混在玩具里一起装进了背包里。

回来之后，她虽然注意到了这个开瓶器，却没有和我们说。这期间，她心中是如何忐忑不安，以至于最后终于无法再忍受心中隐藏的事情呢？她也应该尝到了那种心中隐藏事情的沉重感了吧。

将事情的经过写在信上，连同开瓶器一起还给旅馆之后，旅馆的老板娘给女儿写了一封回信。信中说：“特意还回来，真是谢谢，可帮了我们大忙了。”读着这封回信，女儿应该学到了很多东西吧。在品味愉悦心情的同时，她也知道了今后诚实说话、诚实地对待每一件事的重要性。

当然，随着成长，有些事，孩子会对家长产生一种“说不出口”的感觉。这是很自然的。为了能够很好地分辨出这种和那种情况，父母应该从孩子小时起，就在家中营造出一种家庭成员相互间能够诚实地表达情感的氛围，我认为这是很重要的。

35 孩子说谎时，父母应该这样做

——想想孩子为什么说谎，也是很有必要的

诚实、不说谎，这是一个人美好品格的基础，是奠基的部分。

要将诚实的教育摆在其他品质教育的前面，有必要在日常生活中就让孩子理解为什么不能说谎。如果说谎，就会给别人造成麻烦和不愉快。有句话说得好：“说谎是成为强盗的开始。”随着谎言的叠加，事物的真相就变得不可知了。

话虽如此，孩子即便并没有想说谎，然而为了掩饰自己的失败，他（她）把根本没有的事儿说了出来，这也是经常发生的。

其实是自己弄坏的，却说没弄坏。有的孩子会说“原本就是坏的”，也有的会说“我看见是某某弄坏的”。

在你怀疑他（她）是不是说谎的时候，应该采取什么样的态度呢？这是让许多家长头疼的地方。在事情的真相还没弄清楚的时候，就表示出怀疑，肯定不是好办法；然而一味训斥就更显得欠妥。

当我发现孩子说谎的时候，多数情况都是等待孩子主动说出来。除非是“如果任由事情发展下去，不及时干预会有更大的危险”或是“会给孩子的成长造成更大困惑”等情况，一般我都会等待。

另外，如果已经明确知道孩子是在说谎话，我会对她说：“希望你能告诉我真实的情况。”或者说：“你不诚实地告诉我，妈妈会感到非常伤心。”对于孩子来说，让他们难过的是得不到家长的信任，毕竟孩子也不想让家长悲伤。这样一来，即使他们暂时不说出实情，当眼里看到母亲悲伤的样子，内心也会自我反省。

不管怎么说，遇到孩子说谎的情况，不仅仅是要告诉他（她）说谎是多么不好。在平时，父母就要认真注意听孩子说话，并仔细观察他们的神态，这是很重要的。

与此同时，想想孩子为什么说谎，也是很有必要的。

比如，根本一点儿都不疼却说肚子疼；在学校没有发生任何事情，却告诉家长说自己被欺负了；等等。根据不同的情况，孩子编造这类谎言也是时有发生的。说谎肯定有说谎的理由：

也许是为了引起家长的重视；也许是为了让家长对他（她）更好一点儿；有时候夫妻关系不和，就会减少对孩子的关心，也许孩子是为了让父母和好而说谎——像这种由于家长自己的问题而使得孩子说谎的事例，也是很常见的。

孩子说谎后，家长一定要注意态度

女儿小学低年级的时候，有个孩子（A）因为说谎，在孩子之间引发了争执。对方孩子（B）的家长向说谎的A的家长告状。A的父母很吃惊，立刻向B道歉。

然而，之后A对自己的家长也说了谎。也就是说，A告诉家长："我没有说谎，是B说谎了。"

A的母亲马上就说："我的孩子什么也没干。B是因为嫉妒，所以想把责任推到我的孩子身上。"

家长在孩子说了谎话时，有必要比平常更深刻地关注孩子的样子。为什么要说这样的谎言？如果不理解这一点，像A这样用谎言掩盖谎言的情况也是有的。

A的家长没有深刻地思考为什么女儿会说这样的谎话，只因为女儿可爱便相信了女儿，并采取保护行动。这样一来，A和B的关系就不能和好如初了。

我觉得说谎的A很可怜。因为没有人能够明确地告诉她什么是真实、什么事情是不能做的。最初的说谎也许是没有办法的——这样说也许不太恰当，不过，作为孩子，谁都有过说谎的经历。然而，家长是以什么样的态度来对待，是对说谎进行反省，还是进一步说谎来进行掩饰，其结果对于孩子成长的影响是不一样的。

我认为，家长公平地看待事情是很必要的。孩子说谎对于家长来说，是一件很可悲的事情。有些父母就像前边引述的那样，会说："我的孩子绝对不会……"对于这些认为自己孩子可爱而绝不会说谎的家长来说，他们很难持有公平的心态。然而，相信孩子和相信孩子说的话是不一样的。

所谓的相信孩子——即使孩子说谎了，家长也会怀着"下次他不会再说谎了"这样强烈的信念而相信他。父母应向孩子传达一种"我相信你的哪些哪些方面"的信息，这是很重要的。

孩子在仔细地观察家长。如果当他知道自己撒谎之后家长会保护自己，就会认为"即使说谎也是没关系的"。反之，如果家长持公平客观的态度，那么这件事本身对于孩子来说，就会成为他（她）人生的路标。

36 自己善良的行为也是为了自己

——孩子善待他人的时候，家长对此表示认可是很必要的

圣路加国际医院的名誉院长日野原重明先生，曾在全国小学进行“生命的授业”的巡回演讲。小学四年级时，女儿在学校听了这次演讲。恰好那一天是家长参观日，我们家长也有幸在现场听到了这次演讲。

生命是什么？按照日野原先生的说法，生命是“被赐予的时间”。“生命的终结肯定会来临的。所以在被赐予的时间内，怀着梦想全力以赴地生活下去吧。”他用通俗易懂的语言这样说。

女儿上小学四年级时是 10 岁，所以此次活动也被称为“半成人式”。听了日野原先生的演讲之后，孩子们回到各自的教室，畅谈将来的梦想。有人想成为医生，有人想成为芭蕾舞女演员，有人想成为游戏设计师……孩子们都双眼放光，说着自己将来的梦想。等再过些年他们迎来真正的成人式之后，也许

有人会真的走上自己选择的这些路。

在这个会上，我被邀请给孩子们致辞，也作了简短的发言。当时，我就像日野原先生说的那样，认同“生命是被赐予的时间”，然后就“希望”进行了发言。我说：“只要活着就有希望。大家都为希望而生活着。所以，无论如何，去实现你们的梦想吧。”

如何对孩子解说“生命的宝贵”？这是一个很难的课题。为什么必须要珍惜生命呢？为什么杀人是不被允许的呢？每当发生波及孩子的案件的时候，家长要如何说明呢？要考虑的事情很多。

例如，当被问到“为什么杀人是不被允许”时，如何回答呢？

不允许就是不允许。这是不需要理由的。任何人都没有剥夺他人生命的权利。在这里大人如果不做出断然的回答，就不会对孩子的心灵造成冲击。生命，是关乎人类尊严的事情，在这个问题上，家长应该比厉鬼“还要严厉”。

所谓关于生命的思考，也是关于生存和死亡的思考。而珍惜生命，不外乎就是珍惜自己自身。和“珍惜”最接近的感觉就是“善待”。

对朋友要“善待”、对家人要“善待”、对动物要“善待”……从这些事情入手，加强认识，这些归根到底都关系着对自己“善待”。

而且，善待他人，比刁难他人更能获得好心情。被善待的人当然高兴，而通过这件事，自己也会从心里感到高兴……有了这样的体验，进而就能体会到“珍惜生命”这件事。

当然，孩子善待他人的时候，家长对此表示认可是很必要的。“你能善良地对待他人，我们也很高兴。”这样的一句话，能够使孩子感性地理解“自己善良的行为也是为了自己”。

如何教导孩子珍惜生命

身边的人的死亡，给了我们一个思考生命的契机。越是亲近的人，在孩子心灵中造成的丧失感就越大。我经常和女儿谈论关于生命、关于死亡的话题。

“死呢，就是如今在这里的人没有了，再也见不到了。这样，你不觉得是很严肃的事情吗？”

“现在，如果妈妈死了，你就再也见不到了，也不能和你说话了。你是什么感觉？”

通过这样的谈话，女儿对生命这种东西，好像有一种非常真实的感觉。通过非常真切的感觉，比“珍惜生命吧”之类的说教，更能够让孩子领悟出“生命的珍贵”。

最近，女儿经历了一次自己的朋友死亡的体验。看着她将自己珍爱的芭蕾舞鞋，放在病逝的朋友的遗像前，我感到这个现实在她心中产生了压迫感。朋友死后的两三天，女儿这样说过：“朋友的死，教给了我很多东西。今后我要努力地练习芭蕾，即便是开玩笑，也不能轻言‘死’字。”

同龄的朋友死亡，这样的事情是很少遇到的。更何况现在的家庭小型化，在“身边连亲近的老人都没有”的社会中，人们对“死”有真切感受的机会也减少了。

所谓的成长，也可以说是对“自我”的一次探索之旅。独一无二的自己，一旦失去就不可能找回来。从对“死”的感受中，小孩也许能够真切地体会到自己生命的“珍贵”。而这时，也许就是孩子第一次产生“珍惜自己”心情的时候。

还有一个方法可以向孩子传达“生命的珍贵”。

那就是将孩子出生时的事情说给他们听。女儿还很小的时候，睡觉前我总是读书给她听，时常也说一些她出生时候的事情。因为是自己出生时候的事情，所以她听得津津有味。“对于你的出生，作为父母的我们是多么高兴”、“刚出生的你是多么可爱”、“你还在妈妈肚子里的时候，妈妈就和你说话”……虽然都是一些闲话，可当问她“还记得那时的事情吗?”，3 岁左右的女儿说“还记得”，并告诉我各种事情。

孩子在这个世界上诞生的时候，有多少人为此而高兴，有多少人为孩子祝福。孩子的存在对于家长来说是多么的重要，是多么的珍贵。还有那些有关孩子出生时的故事，正是这些故事包含着无限的幸福和喜悦——在我的人生中，最值得高兴的事情，就是女儿的诞生。

女儿消沉、自暴自弃的时候，讲这些话能让她的心情变得爽朗，比起那些干巴巴的激励，这些话能在她的心里引起巨大反响。“自己要保重，你的生命并不只是你自己的。”这是我对她的嘱咐。

37 作为人是不希望被忘记的

——那些该让孩子清晰知道的事

从电视中看到一个报道，内容是接受了“介护认定”的老人（经过日本医疗部门认定需要护理的老人）生活的特辑。看着这个报道的时候，女儿说：“上了年纪有病，即使活着也没什么意义。”

我们吃了一惊。她这样的思维方式是从哪里来的？我们一直都只是在向她灌输生存的意义、生活的乐趣、生命的珍贵，现在听了女儿这番言论，对我们的冲击太大了。

过于现实主义的思考、舍弃弱小东西时的冷漠、没有慈悲之心……我们绝不希望将女儿教育成这样的思维方式。然而为什么女儿会说出那样的话来呢？这样的思维方式，必须立刻纠正，决不含糊！在女儿明白自己的思维方式是错误的之前，我只能是严厉地批评。

“为什么觉得没有意义？”

“如果得了病身体动不了、什么都干不了，不是对社会没有任何用处吗？所以，即便活着也没有什么意义。”

也许她的心中已形成了“活着=对社会有用”这样的公式。确实，“对社会有用”是生活中非常重要的事情——但不是画等号的！

“你的这种思想是不对的！”

这时，我用很严厉的口吻对她说。

“妈妈年纪大了，生病躺在床上的时候，你是不是想‘还是死了的好’？”

“我没那么想。”

“刚才电视里的那个老奶奶和妈妈怎么不一样了？那个老奶奶也有家人，也有朋友吧？他们也会觉得她死了好吗？”

正好，那时我的母亲得了恶性淋巴肿瘤，刚做了大手术，全身性机能不全，几乎整天躺在床上。因为母亲的事情，女儿的言论当时对我的冲击，不是一句话能够表述的。

“外祖母已经不能像以前那样活动了，也不能唱歌和做饭了。也许就像你说的那样，对社会没有用处了。这样，外祖母也是没有必要存在的人了？”

电视中发生的和自己外祖母身上发生的事情，都是一样的。这样来理解事情，对于女儿来说，也许她的想象力还不那么成熟。而且，她也许并没有深层的意思，只是随口一说。但是，我认为，这是一个改正女儿思维方式的机会。

“外祖母如预料之中不能动了，然而，因为生病需要我们照顾，这也教会我们尊重生命、相信奇迹。如今，外祖母正在体会着关爱、感谢和生命的恩惠。即使病得不能动了，人类的心灵还有很多东西要学，也给周围的人们以学习的机会。如此你还认为‘死了好’吗?”

我气势汹汹的话，让女儿意识到了自己言论的严重错误，她也后悔了，而且好像也注意到了自己的失言和考虑问题的肤浅。

告诉孩子“作为人是不希望被忘记的”

这个时代只是片面地追求合理性和高效率，并且这种惯性好像已经波及对人的评价了。例如学校的运动会上，就可以感觉到一种气氛：跑得慢的孩子会被当成笨拙的、柔弱的人，被排除在外。很多孩子不想和他们分在一组。想获胜的心情是可以理解的，不过，让孩子们思考互相协作以及全力拼搏的意义，也是非常有必要的。

在这类关乎“人的存在意义和评价”的问题上，如果孩子的认识有错误，家长必须要及时地、毫不留情地加以纠正，让孩子从这种严肃和毅然鲜明的态度中，体会到事态的严重性。

38 可以告诉孩子自己的生存哲学

——让孩子看到自己诚心诚意、全力以赴地生活

我生完孩子后一直在工作。如今，想想自己的生活，每天都是很忙，每个瞬间都在全力以赴，很多事情都没时间去做。当然，即使在没有工作可忙的时候，妈妈们在家里也是同样忙碌吧。如此全身心投入的妈妈，孩子会清楚地看在眼里，健康地成长起来。

在我们家，女儿既有看着我日日忙碌而深有体会的时候；但有时，也有抱怨我只顾工作、不顾家庭生活的时候。但不管怎么说，重要的是她看到了母亲自己诚心诚意、全力以赴地生活，不是吗？

孩子通过家长可以学会很多东西。每每回顾自己的童年时，也会有很多“那时母亲是这样干的”这样的回忆。很多事情，孩子是在接受学校教育、社会教育之前，从那时家长的行动和思

维方式中接受教育的。

尊重他人，口头上的说教自然是不可少的。然而，比这个更重要的是，如果平时家长尊重他人，孩子就会从父母的行动中学习。例如，在电车上遇到上年纪的乘客就马上站起来。这种以身作则的行动，孩子会看在眼里，记在心里。

还有，遇到让人感动的事情，要说“谢谢”。遇到自己不方便的事情时，要立刻向对方道歉说“对不起”。从点滴的事情当中，孩子所学到的东西，常常超越家长的想象。

对我来说，不管是我自己的事情，还是孩子学校的事情，我都乐于给自己“找事”，随时会帮助别人。女儿曾经问我：为什么要管那么麻烦的事情?

看到本来就忙碌的母亲，还特意自觉接受一些更加忙碌的事情，于是孩子提出疑问了。这时，我就会以自己的思维方式向她说明：“有些事情总要有人去干。应当从积极的方面考虑，也许做这个会很有趣。”

当孩子到小学高年级时，他们会用孩子式的思维理解家长的思考方式和行动。孩子对家长的行动产生疑问时，恰恰是一个很好的教育机会，父母可以借此机会将自己平常比较看重的为人处世的原则展示给孩子。

身边发生的事情都是学习的机会

前边已经说过，我的母亲得了恶性淋巴肿瘤，动大手术之后，长期处于和疾病斗争的状态。我和父亲、两个妹妹分工合作，每天轮流到医院去照顾母亲。对于我们来说，这是很严峻的现实。因为母亲不能再做饭了，每天必须要有人做病号饭。我也在不断地摸索着，学做一些容易消化的食物。

孩子们有各种各样的反应。妹妹家的外甥并不担心外祖母的病情，所以很少去医院。我去医院的时候，我的女儿也从没有主动说想去医院看望外祖母。看着这样的女儿，面对因为疾病而显得日渐衰弱的母亲，我就会想：孩子们如果表现得更好些就好了。

可是，仔细想一想，母亲入院数月以来，女儿的成长也有令人欣慰之处——我忽然意识到，其实这些对于我来说，已然是很好的帮助了。

那时，她正处于小学升中学的阶段，也许就因为我不得不照顾母亲而一下子自立了。女儿已经是中学生了，所以需要我操心的事情大幅度减少了。她变得很自主，什么都想自己干。

精神上，她也变得强大了。入学之后，她很快适应了各种部、组活动。虽然难免会碰上很多烦心事，但在和我聊天的时候，在转换心境方面她已经比过去圆融多了。其结果就是，不知从什么时候开始，我变得很轻松了。尽管还是在为女儿的日常生活操心，不过却有一种深深的安全感。

当家长每天忙碌无暇的时候，孩子想要帮助家长做事的愿望是源自一种爱，而不给家长增添麻烦的行动也是一种示爱的方式吧。如果说女儿不想去看望外祖母就是生性淡漠，确是言之过早。女儿很清楚我没有时间。这对于照顾生病母亲的我来说，是非常值得感谢的，我觉得这对我是最好的帮助。我能深切地感觉到孩子在用各种各样的方式帮助家长。

去医院探望回来晚了，或者让女儿一个人在家的时候，我肯定要对她说："留你一个人在家真是对不起。不过，还真是要谢谢你呢。"

对于女儿来说，这是一种很大的鼓舞。在母亲节的作文中，女儿写道："母亲对我说'谢谢'的时候，真是非常高兴呢。"

虽然在一段时间内还是很忙碌，不过在精神上，我依然和女儿保持联系——不管多么忙碌，也不应该忘记，孩子时刻在注视着家长。

还有一点，通过我照顾生病母亲这件事，女儿直观地看到了人类的生老病死。我认为这是一个非常重要的学习过程。所以我经常对女儿说："好好看看坚强活着的外祖母吧。"这个世界上发生的所有事情都是有理由的，也是值得学习的。即使是外祖母得了重病并长期卧床这样的严重的事，也是充满很大的恩惠的，我和女儿共同学习着。

39 用心向孩子传递“语言力量”

——使用“天使的语言”抵御孩子的混搭语言

有时，在电车里会听到放学回家的高中女生的对话。

看着她们说话的样子，简直就像是在说相声。不仅如此，有时根本听不懂她们在说什么。我甚至怀疑：她们说的是日本话吗？不光说得快，语言还被极端地省略了，甚至已经到了完全暗号化的程度。

例如，一些流行的、网络的时髦词语，已经成了他们的通用语言。如果正常的成年人说出传统词汇来代替，他们反而会觉得别扭。

比如，“yabai”这个词，是从江户时代开始使用的词汇，好像也是强盗之间的暗语。平常女儿有时也会使用，我便会告诉她这是强盗之间使用的词语。当女儿说一些过于简略或不规范话时，我会让她重新按照规范的再说一遍。

但是，不管成年人如何控制，语言的混乱还是势不可挡地向前发展着，同时在向低龄化发展。可怕的是，小孩们还将这样的词语当成正常词汇来记忆——迄今为止所培养起来的传统语言的美感即将消失殆尽，这是很令人恐惧的。

语言中寄宿着魂魄，那就是“言灵”。“危险”这样的词语，正是寄宿了危险的能量。孩子们轻率地说着“去死吧”，也会带有这种性质的能量的。这是很可怕的事情。即使是开玩笑地说“去死吧”，在说出这个词语的时候，也是带着这种意念的。包括那些微妙的省略语在内，凡是带有邪恶能量的词语，我皆称为“恶魔语言”。

孩子对于恶魔也是有所恐惧的，所以，当她的语言过于偏激时，我就吓唬她说“恶魔来了”。虽然很多人都说不应该吓唬孩子，可一旦说出“恶魔”的时候，就能吓住孩子了。这种处理方式是为了让孩子“不要再使用恶魔语言”。

另一方面，好的语言就是“天使语言”。能让心情变好的寒暄、感谢的词语等，都是“天使语言”。好的语言被使用，是因为心中住着一个天使。孩子们日常也该说着“谢谢”、“请多关照”之类的话吧，在这方面父母应该适当地有意引导一下。

家长要率先使用好的语言

好的语言中寄宿着天使。好的词语中寄宿了幸福的能量。

使用美好的词汇，会使大家都开心，而大家开心了，自己也会变得开心。向孩子传达这一点是很有必要的。孩子们的身上寄托着未来和希望，所以，纠正孩子们的混乱语言，也可以说是纠正未来的世界吧。

当然，在要求孩子使用好的词句的时候，家长首先不能使用那些不好的词句。在教导孩子使用词句之前，家长应该率先使用好的词句，说一些让人心情愉悦的话，当然，还要面带微笑！

让孩子们帮忙做事之后，父母要说“谢谢”。不仅是对孩子，即使是对丈夫（妻子）也是一样。还有对送邮件的小伙子、附近的邻居等，都要笑脸相迎，说一些能让心情变好的词句。

孩子看着这样的父母亲，即使不用说教，他（她）也会默默沿袭家长的生活方式。而且，让人心情愉悦的寒暄，在让人心情愉悦的同时也会带来幸运，所以要多说好听话。

语言是有生命的。就像迄今为止的那样，每个时代的语言都是变化的。随着语言，精神层面也在发生变化。如今，我们唯有在古装影片中才能听到的“诚惶诚恐”这个词，既有表示感谢之意，又有“不敢当”的意思，很能表现出一个人的谦虚形象。

孩子们的语言方式，也不是一朝一夕就能改善的。这种混搭着使用语言的乐趣，有些甚至会持续到他们成年。但是家长要告诉他们哪些是恶魔语言。而且语言和人的关联很近，如果连说几遍“危险”，有时候处境真的会变得危险起来。所以，我们要经常使用“天使语言”。

40 总有些主题，人生绕不开去

——幸运就是每天的笑容、语言、感恩的心的叠加

作为家长都希望孩子幸福，希望孩子平安顺利地度过一生。这也是家长最大的心愿。

可是，根据我 50 年的人生经验，没有挫折的人生是没有的；或者说什么事情都不发生的人生是没有的；没有烦恼的人生也是没有的。应该说，总是有着某种主题，在漫长的人生中一定绕不过去。

一个人，只有当有事情发生的时候，这个人真正的面貌和价值才能表现出来——在紧要关头涌现出智慧，发挥出超乎想象的力量；超越危机之后，既积累了经验，也陶冶了心灵。另一方面，在危急关头，也会发生奇迹。这就是幸运。根据我的经验，危机是无法逃避的；当鼓起勇气、面对危机、着手解决

的时候，反而会出现意想不到的转机。

让幸运围绕着，总是感到幸福。看到了漂亮的花朵，和朋友一起高兴地游玩……一切都那么美好，即使是一件小事，自己内心也感到高兴，在感谢的心情中感到幸福、改善心境。在日常生活中，父母应该将这种小小的幸福、愉悦和孩子一起分享，由此提高孩子自身对幸福的感知度。

如果希望孩子成为被幸运所钟爱的孩子，那么就请家长首先从自己做起，成为被幸运所钟爱的人吧。家长应该满怀感激，即使很小的事情也能从中发现喜悦；在遇到好事儿的时候，应该发出声音说："神啊，我感谢您！"

自然而然地说："啊，我一直在不懈地努力着，得到了神的赞美。"不要有任何勉强。

笑容也能带来幸运。相比愁眉苦脸的孩子，你肯定愿意和满脸微笑的孩子说话吧？当然，愁眉苦脸的孩子也会引起人们的关注，比如，别人会问"为什么不开心"等等。

"看着这张笑脸就感觉幸福。"

"这张笑脸，真棒！真好！"

就这样，孩子的笑脸得到表扬，整个人都变得高兴起来。

小时候，我自己也曾被母亲这样说过：

"和由美打招呼的时候，感觉非常好，总能看到她的微笑。

所以，都愿意和她说话。”

通过这句话就可以看出，灿烂的笑脸就是最好的问候。这也是我对于幸运的最好的忠告。即使到现在，我和别人打招呼的时候，也是尽可能地展现出一个灿烂的笑脸。当然，对于初次见面的人，微笑中还应该融入一种“真高兴见到你”的心情。

微笑总是会带来好运的。在说了“谢谢”之后，自己的心情也会变好。不断积累这样的体验，孩子就会切实地感到，笑容和“天使话语”果真会带来幸运。

幸运就是每天的笑容、语言、感恩的心的叠加

女儿上小学后，由于不能和小朋友和睦相处，噘着嘴、阴着脸回家的事情时有发生。回到家里，她对着我，为了发泄心中的郁闷而大发牢骚——净是一些让听的人变得不开心的话。

这时，我并不刻意去要求她什么，而是任凭她宣泄。如果这时再压制她，在学校的郁闷在家长面前还得不到发泄，孩子就会加倍地郁闷。为了释放她的郁闷，可以让她发泄一会儿。这种场合如果我也说两句“粗俗”的话附和她一下，女儿就会变得很开心。

不过，到了某种程度之后，一定要坚决制止她。

“好啦，发泄的话到此为止了。再多说糙话就会陷入厄运，所以结束吧。如果还有想说的事情，请用雅致的语言。”

这样，充分的发泄之后，心情也会变得舒畅——“可以重新和好了，谢谢！”女儿的心情有了转换。而好心情的转换正是幸运的关键点。

在陷入危机的时候，请抓住幸运的尾巴，这就是感恩的心、好的语言习惯、笑容和向前看的心境。这些都是很重要的，要在生活中有意识地培养。就这样，精心地、每天不断地积累小小的幸福、幸运，那么，不管是家长还是孩子，都会变成被幸运所青睐的人。

后 记

和孩子一起成长

即便是重视每一个瞬间，和孩子一起成长的日子，也还是像箭一般飞逝而过。女儿蹒跚学步的时候，好像就在昨天，而孩子那种急于要摆脱家长去自立的躁动身姿，又好像是很遥远的事情。

想想看，和孩子一起度过的时间，大约也就占人生长度的四分之一吧。

然而从养育孩子的人生体验上来讲，应该有一种不能用时间长度来计算的充实感。我们身上，栖居着身为“家长”的坚韧不拔的灵魂，这样一想，一些困难什么的，好像也都变得能被克服了。我一直觉得孩子应该是一种神圣的授予。

在培养孩子的过程中，有过很艰难的时期，也有过迷惘。面对反抗的孩子，也有不知如何是好的时候。我那正处于青春期的女儿，好几次气得我直流眼泪。

然而，心灵深处等待的，正是多数母亲都同样经历过的最烦恼的那个关节点。

例如，青春期对于孩子来说，是完成自立的一个过程，在因为培养孩子而苦恼的家长看来，这是一个为了成长而必经的过程。孩子在受伤的过程中离开家长，而家长在受伤的过程中守望着离巢而去的孩子。这种疼痛虽然不一样，却伴随家长和孩子一同跨越青春期这个非常时期。一旦渡过这个时期，家长和孩子就真正地分离了，孩子可以真正地自立于这个世界了。这样考虑的话，您应对孩子的方法就会有所改变了吧。

养育孩子虽然是很辛苦的事情，可是在这个过程中，却经常会收获意想不到的喜悦。那是无可替代的存在，在心灵的深处，那是无尽的爱的源泉。同时，那也是洋溢着感恩的源泉。

即便有些时候孩子忘记了母亲节的祝福，即便有些时候他们看起来很可憎，但是当看着他们熟睡的脸庞的时候，为人父母的就什么都可以原谅了。总有一天，我们会意识到“父亲”、“母亲”角色的真正含义。在和孩子的争吵中，我们往往能发现真正的自我……

在养育孩子的时候，或许每个人都很难真正做到从容。有时会疲于应付；有时会力不从心；有时也会内心软弱。不过，要接纳这样的自己。父母本来就不是好当的。我就不时为自己养育孩子时因为手忙脚乱而变得滑稽不堪的场景而发笑，然后就会感到自己的气量变得稍微大了一些。

我是孩子后援团队的最有力的支持者。如今已经14岁的女儿，自己选择了某项非常严格的学习科目，每天都精疲力竭地回家。从内心来说，我认为这种学习有些勉强了。但是，她自己却十分认可，并说要“挑战自我”。对于这个选择，我想她能够全力以赴地完成，因为这是她自己的选择。

和每天都在成长的孩子待在一起，连自己都切实地感觉到自己在随之成长。在教养孩子的心灵的时候，自己的心灵也在成长。就这样，通过担纲“家长”这个角色，我们的世界变得宽广了，变得更美好了。养育孩子，真是一段美妙的时光。

吉元由美